Gartenteiche

schnell & einfach

> Autor: Peter Stadelmann | Fotografen: Henning Bornemann, Ursel Borstell, Wolfgang Redeleit und andere bekannte Gartenfotografen

Inhalt

Gartenpraxis
Das 5-Stufen-Erfolgsprogramm

>> schnell & einfach

2 Anlegen

Leicht nachvollziehbare Anleitungen erleichtern Ihnen das Anlegen eines Gartenteiches.

1 Planen

Standort, Größe und notwendige Technik – wir zeigen Ihnen, worauf es ankommt.

3 Gestalten

So wird Ihr Teich das ganze Jahr über zu einem dekorativen Blickfang im Garten.

Gartenpraxis

Der richtige Platz

Wasser, gleich in welcher Form, belebt den Garten wie kein anderes Element im Umkreis des Hauses. Ein Teich kann praktisch überall im Garten angelegt werden. Damit Sie möglichst

➤ *Auch schattig gelegene Uferpartien können sehr schön bepflanzt werden.*

lange Freude an Ihrem Teich haben, sollten Sie jedoch vorab einiges beachten:
➤ Möchten Sie das rege Leben und Treiben im und am Wasser so oft wie möglich beobachten? Dann sollte

der Teich am besten dort platziert sein, wo Sie sich am häufigsten aufhalten oder wo Sie ihn vom Haus aus gut einsehen können.
➤ Oder wollen Sie sich hin und wieder in Ruhe zurückziehen? Dann wäre ein Teich in einem abgelegeneren Teil des Gartens ideal. Hier lassen sich auch etwas leichter viele Tiere anlocken.
➤ Bietet die Umgebung auch genügend Deckungs- und Rückzugsmöglichkeiten für einwandernde Teichgäste? Die neu geschaffene Wasserfläche lockt viele Tiere an, gute Versteck- und Nistmöglichkeiten lassen sie leichter heimisch werden.

➤ Hat Ihr Garten ein Gefälle? Dann sollten Sie den Teich an der tiefsten Stelle anlegen, da sich hier schon von Natur aus Wasser ansammelt.

Sonne oder Schatten?

Wichtig für die Pflanzen im und am Teich ist die tägliche Sonneneinstrahlung.
➤ Eine reichhaltige und bunt blühende Uferbepflanzung kann sich am besten dort entwickeln, wo viel Sonne hinkommt, also in Ostwestlage.
➤ Direkte Südlage dagegen kann das Wasser in kleinen Teichen im Hochsommer in eine warme, sauerstoffarme »Brühe« verwandeln, in der Algen rasch Oberhand ge-

TIPP

Der kindersichere Teich

>> schnell und einfach

Auf Kleinkinder wirkt Wasser – erst recht, wenn Fische darin herumschwimmen – wie ein Magnet! Sie müssen daher den Teich rundherum gut sichern. Entweder Sie zäunen den Teich mit einem etwa 60 cm hohen Holzzaun mit senkrecht verlaufenden Zaunlatten ein, oder Sie bringen direkt unter der Wasseroberfläche ein stabiles Schutzgitter an. Der Fachhandel bietet inzwischen auch schon Fertigteiche mit integriertem Kinderschutzgitter an. Beide Maßnahmen entheben Sie aber nicht Ihrer Aufsichtspflicht!

winnen. Hier müssen Sie für eine Beschattung durch hoch wachsende Gräser, Stauden oder Ziersträucher sorgen. Auch ein dichter Seerosenbestand schattet die Wasserfläche gut ab.

➤ Laubbäume in unmittelbarer Teichnähe sind problematisch. Sie spenden zwar an heißen Tagen Schatten, verursachen jedoch einigen Pflegeaufwand: Das fallende Laub beeinflusst im Herbst die Wasserqualität negativ. Die Gerbsäure des verwesenden Laubs verändert den pH-Wert des Wassers, und die Fäulnis senkt den notwendigen Sauerstoffgehalt für die im Wasser lebenden Tiere und Pflanzen. Um das zu verhindern, müssen Sie entweder ein Laubfangnetz über den Teich spannen oder immer wieder das einfallende Laub abfischen.

➤ In den Mittagsstunden von 12–14 Uhr allerdings kann ruhig der Schatten eines Laubbaumes auf die Wasserfläche fallen. Die Wassertemperatur heizt sich dann im Hochsommer nicht unnötig auf, und der Sauerstoffgehalt im Wasser bleibt höher.

➤ Zu schattig gelegene Teiche können auf Dauer nur

> *Ein Teich in Sitzplatznähe lässt sich am besten beobachten.*

mit Blattpflanzen in den unterschiedlichsten Grüntönen bepflanzt werden – aber auch das kann attraktiv sein.

Witterungsschutz

An den Wetterseiten (Norden und Nordwesten) sollten Sie – vor allem für die kühlere Jahreszeit – einen Witterungsschutz anbringen. Eine Lesesteinmauer, ein Erdwall, eine Strauchgruppe oder eine kleine Hecke halten den Wind ab, so dass die Temperaturen nicht zu tief absinken. ■

CHECKLISTE

Wie verbessert man den Standort?

✔ Planen Sie bei ganztägig praller Sonne schattenspendende Sträucher oder Bäume ein.

✔ Legen Sie an den Wetterseiten einen Windschutz oder eine dichte Randbepflanzung an.

✔ Sorgen Sie für einen freien Blick von Haus und Terrasse zum Gartenteich.

✔ Bepflanzen Sie zum Anlocken von Tieren die Uferpartien vielfältig.

✔ Mulchen Sie mit Rasenschnitt und Häckselgut als Naturdüngung.

Lebensbereiche schaffen

Reizvoll an einem Teich sind die unterschiedlichen Lebensbereiche vom Uferrand bis ins tiefe Wasser hinein. Ob Sie nun eine kleine oder große, eine eckige oder runde Wasserfläche bevorzugen, einen Zier- oder Naturteich anlegen (→ Seite 20/21), sich für begehbare oder bepflanzte Teichränder (→ Seite 18/19) entscheiden: Wichtig ist es auf jeden Fall, verschiedene Lebensbereiche anzulegen, um die gesamte Vielfalt der im Fachhandel erhältlichen Sumpf- und Wasserpflanzen voll auszuschöpfen und eine möglichst große Artenvielfalt an Wassertieren anzusiedeln.

Lebensbereiche anlegen

Ein Gartenteich sollte stufenförmig oder sanft abfallend angelegt werden, so dass verschiedene Wassertiefen und damit unterschiedliche Lebensbereiche entstehen.

➤ Je größer Ihr Teich ist, umso ausgedehnter können Sie die einzelnen Lebensbereiche anlegen und bepflanzen.

➤ Fertigteichbecken sind in der Regel bereits in unterschiedliche Wassertiefen und Lebensbereiche aufgeteilt.

➤ Beim Folienteich müssen Sie diese Staffelung beim Ausgraben selbst anlegen.

Die vier Tiefenzonen

Man unterscheidet beim Anlegen eines Teiches ganz grob vier verschiedene Tiefenzonen. Allerdings lassen sich diese Zonen in ihrer Bepflanzung nicht immer klar trennen, denn viele Wasserpflanzen sind sehr anpassungsfähig und können in unterschiedlichen Wassertiefen wachsen und gedeihen.

➤ Die Sumpfzone, die wohl wichtigste Pflanzregion und der Lebensraum für Amphibien und viele andere Teichbewohner, hat eine Wassertiefe von 0–20 cm. Sie sollte recht ausgedehnt angelegt werden, um das große Ange-

Dieser gut eingewachsene Teich hat eine großzügig angelegte Flachwasserzone.

> *Seerosen sind eine Zierde für jeden Gartenteich. Sie leben bevorzugt im Tiefwasserbereich.*

schwieriger aufrecht zu erhalten als in größeren, weil eine Nährstoffüberfrachtung viel schneller die Wasserqualität verschlechtern kann. Aus diesem Grund werden Sie auch in einem kleinen Teich, in dem eine Vielfalt an Pflanzen, Fischen und anderen Tieren lebt, ohne technische Hilfsmittel wie Filter und Pumpe (→ Seite 10) kaum auskommen können. ■

bot an Sumpfpflanzen nutzen zu können.

➤ In der sich anschließenden Flachwasserzone mit einer Wassertiefe von 15–30 cm wurzeln die Pflanzen im Wasser, der größere Teil der Pflanzen ragt jedoch über die Wasseroberfläche hinaus.

➤ Die Seerosenzone beginnt bei Wassertiefen um 60 cm – dort gedeihen sie am besten.

➤ Die Tiefwasserzone beginnt bei etwa 40–50 cm Wassertiefe. Hier können Pflanzen angesiedelt werden, die im tiefen Wasser wurzeln und auf oder unter der Wasseroberfläche leben. In Teichen, in denen Fische leben, sollte auf einer Fläche von mindestens 1 m^2 die Wassertiefe mindestens 80 cm betragen, damit die Tiere sich im Winter dorthin zurückziehen können.

Die richtige Teichgröße

Ganz gleich, welche Art von Teich Sie anlegen möchten (→ Seite 20/21): Wenn die Möglichkeit besteht, sollten Sie sich für eine große Wasserfläche entscheiden. Je größer die Wasserfläche , desto besser ist das »biologische Gleichgewicht« im Teich. Das heißt: Im Teich muss ein ausgeglichenes Verhältnis herrschen zwischen Nährstofflieferanten (abgestorbene Pflanzen, tote Tiere) und Nährstoffverbrauchern (lebende Pflanzen, Pflanzen und Fleisch fressende Tiere). Fallen mehr Nährstoffe an, als verbraucht werden, dann verschlechtert sich die Wasserqualität. Im schlimmsten Fall kann der Teich »kippen«. In kleineren Teichen ist das biologische Gleichgewicht

CHECKLISTE

Kleine Teiche pflegen

✔ Sorgen Sie durch Einsatz technischer Hilfsmittel (→ Seite 10/11) für eine ausreichende Sauerstoffzufuhr.

✔ Setzen Sie Filter (→ Seite 10/11) zur Reinigung des Wassers ein.

✔ Sorgen Sie im Sommer für eine Beschattung der Wasserfläche, damit sich die geringe Wassermenge nicht zu stark erwärmt.

✔ Kontrollieren Sie in regelmäßigen Abständen die Wasserqualität.

✔ Schneiden Sie die Wasserpflanzen öfter zurück, damit die Wasserfläche nicht zuwuchert.

Notwendige Technik

Ein kleiner Teich kann auf Dauer nur mit Hilfe geeigneter Technik im Gleichgewicht gehalten werden. Zwei Dinge sind für den guten und gesunden Zustand eines Teiches und die Lebensbedürfnisse der Tiere und Pflanzen in ihm unbedingt notwendig: ausreichend Sauerstoff und keine Überbelastung mit Abfallstoffen.

> Tauchpumpen stehen unter Wasser und betreiben Filter.

Sauerstoff muss sein

Zur notwendigen Sauerstoffzufuhr eignen sich elektrisch betriebene Wasser- und Luftpumpen in Verbindung mit einem Ausströmerstein oder ein Oxydator. Für welches Gerät Sie sich entscheiden, ist eine Frage des Geschmacks und des Geldbeutels.

➤ Der Oxydator ist ein »geniales« Gerät zur Sauerstoffanreicherung, da er ohne Strom und auch bei längeren Frostperioden anstandslos arbeitet. Gefüllt mit Oxydatorlösung und destilliertem Wasser sorgt ein Katalysator in dem Plastikgehäuse für gleichmäßige Abgabe von Sauerstoff in das Teichwasser. So können Sie den Sauerstoffgehalt im Teichwasser direkt erhöhen, ohne dass ein Großteil – wie bei einer Pumpe – wieder ausperlt. Wenn der Oxydator leer ist, schwimmt er nach oben.

➤ Wasserpumpen wälzen das Wasser um, so dass Sauerstoff in den Teich gelangt.

➤ Luftpumpen sind Membranpumpen, an deren im Wasser befindlichen Ende ein

> Der Oxydator sorgt ohne Strom für zusätzliche Sauerstoffzufuhr.

Ausströmerstein angeschlossen wird. Die Membranpumpe drückt Luft durch den Keramikstein. Die ausperlenden Luftblasen steigen nach oben und reichern das Wasser mit Sauerstoff an.

Die Ausströmer müssen rund um die Uhr – Sommer wie Winter – in Betrieb sein. Luftpumpen haben circa 5 Watt Verbrauch und arbeiten sehr zuverlässig.

Filterung ist wichtig

Der Fachhandel bietet spezielle Gartenteichfilter an, die mit einer Kreiselpumpe betrieben werden. Sie sind einfach zu bedienen und verbrauchen wenig Strom. In

den modernen Außenfiltern bilden Filter und Pumpe in der Regel eine feste Einheit. Der Motor drückt das Wasser aus dem Gartenteich in den Filterbehälter. Dort durchläuft das Wasser bei der Reinigung die verschiedenen Kammern immer von »Grob« nach »Fein« und läuft dann in den Teich zurück.

Bei modernen Filtern ist im Deckel meist noch ein UV-Strahler integriert, mit dem das gereinigte Wasser noch zusätzlich entkeimt wird. Eigentlich ist das empfehlenswert, aber gleichzeitig sterben dabei auch viele nützliche Mikroorganismen. Also bitte nicht im Dauerbetrieb einsetzen, zumal die Wirksamkeit des Strahlers begrenzt ist.

Nicht zufrieren lassen?

Damit Fische und andere Teichbewohner auch im Winter noch genügend Sauerstoff zum Leben bekommen, muss zumindest eine kleine Wasserfläche eisfrei gehalten werden, die für den notwendigen Gasaustausch sorgt. Hierfür eignen sich entweder ein Teichheizer oder ein Eisfreihalter aus Styropor.
➤ Der Teichheizer mit einer ganz geringen Wattzahl

> *Der Eisfreihalter sorgt für genügend Sauerstoff unter dem Eis.*

(um 100 Watt) heizt keineswegs den Teich auf, sondern hält nur um sich herum ein Loch offen. Hier können die Perlen aus der Luftpumpe den Gasaustausch gewährleisten. Schalten Sie den Teichheizer nur bei starkem Frost ein.
➤ Der Eisfreihalter friert an einer Stelle im Eis fest und hält in sich ein Fenster offen. Hier lässt sich ein Oxydator an einer Schnur herbeiziehen und bequem nachfüllen. ■

CHECKLISTE

Strom und Wasser

✔ Beim Anschluss oder Verlegen von Teichtechnik mit 230 Volt Netzspannung unbedingt den Fachmann zuziehen und einen Schutzschalter verlegen lassen.

✔ Auf Wasserpumpen muss ausdrücklich vermerkt sein, dass sie für den Betrieb unter Wasser geeignet sind.

✔ Elektrische Geräte müssen das VDE- oder GS-Zeichen tragen.

✔ Luftpumpen an einem trockenen Ort platzieren.

Einen Folienteich anlegen

Ein Teich ganz nach persönlichem Geschmack lässt sich am besten mit einem Folienteich verwirklichen.
Auch für größere Teichflächen und unebenes, felsiges oder steiniges Gelände ist ein Folienteich gut geeignet. Er kann dem vorhandenen Ge-

> *Flache, dicht bewachsene Uferstreifen sind ideale Schutzzonen für Frösche.*

lände gut angepasst werden und Unebenheiten überdecken. Folienteiche können äußerst flexibel angelegt werden und sind für größere Anlagen billiger als Fertigteiche.

Standort festlegen

Legen Sie zunächst mit dem Gartenschlauch oder einer dicken Schnur die gedachte Teichform und -größe in dem vorgesehenen Gelände aus. Denken Sie daran, dass kurven- und eckenreiche Formen beim Ausheben und Abdichten der Teichgrube nicht nur arbeitsaufwändiger sind, sondern auch nicht unerhebliche Mehrkosten verursachen.

➤ Gefallen Ihnen Lage und ausgelegte Teichform?
➤ Haben Sie einen guten Zugang zum Teich?
➤ Können Sie die Wasserfläche auch gut einsehen?

Die richtige Folie

➤ Verwenden Sie nur spezielle Teichfolie, für die die Hersteller über Jahre hinweg Garantie für die UV-Beständigkeit geben. Gute Teichfolie ist außerdem wurzel- und reißfest, hitze- und frostbeständig, verrottungsfest und frei von Substanzen, die den Tieren und Pflanzen eventuell schaden könnten.
➤ Richten Sie sich nach den angebotenen Standardmaßen der Folienhersteller. Das ist wesentlich billiger und einfacher, als Sondermaße anfertigen zu lassen oder unnötige Klebe- und Schweißarbeiten vornehmen zu müssen.

➤ Für die Berechnung des Folienbedarfs gilt die Formel: Länge x Breite x größte Tiefe (mindestens 80 cm, besser mehr) plus zwei Mal 50 cm für die Randgestaltung.
➤ Die Stärke der Folie richtet sich nach der Belastung, der sie später ausgesetzt ist. Als Richtwert gilt: 0,5–0,8 mm Folienstärke für etwa 75 cm Wassertiefe, 1 mm für 80–150 cm Wassertiefe.

Teichgrube anlegen

➤ Die Teichgrube muss so angelegt werden, dass die Ufer flach abfallen und verschiedene Tiefenzonen (→ Seite 8/9) entstehen.
➤ Wurzeln und scharfkantige Steine müssen Sie auf jeden Fall aus dem Teichbett entfernen, denn sie könnten später die Folie beschädigen.
➤ Um die Folie vor Beschädigungen von unten zu schützen, ist es ratsam, die

1 Grube auskleiden

Haben Sie die Teichform ausgehoben und alle spitzen Gegenstände entfernt, dann können Sie Sand einfüllen und ein Schutzvlies einlegen.

2 Folie einlegen

Legen Sie die Folie möglichst gleichmäßig aus, lassen Sie sofort Wasser einlaufen und glätten Sie in diesem Zug entstandene Falten.

3 Folie abschneiden

Achten Sie darauf, dass das Ende der Folie am Teichrand unbedingt senkrecht nach oben zeigt, damit keine Saugwirkung entsteht.

Teichgrube mit einem Schutzvlies auszukleiden und bei steinigem, felsigem oder hartem Untergrund zuerst eine 5–10 cm dicke Sandschicht aufzuschütten.

➤ Deponieren Sie den Aushub bis zur späteren Verwendung auf einer Plastikplane, damit der Rasen nicht unnötig beschädigt wird.

Einlegen der Teichfolie

Zum Einlegen der Folie sollten Sie sich am besten einen oder zwei Helfer organisieren.

➤ Ziehen Sie die Folie gleichmäßig in die Teichgrube, so dass sie rundum etwa 30 cm weit über den Teichrand ragt. Wenn die Folie richtig und möglichst faltenfrei liegt,

sofort langsam Wasser einlaufen lassen und Falten glätten.

➤ Warten Sie mit den weiteren Arbeiten einen Tag, dann hat sich das Erdreich gesetzt und die Folie auf jeden Fall der Teichgrube angeglichen.

➤ Die Schnittkante der Folie muss immer nach oben zeigen. Dadurch wird verhindert, dass der angrenzende Gartenboden dem Teich Wasser entzieht. Schlagen Sie dazu den Folienrand nach oben, und errichten Sie hinter der Folie mit Aushubmaterial einen Wall.

Legen Sie die Folie dann über den Erdwall, und fixieren Sie die Ränder vor dem weiteren Wassereinfüllen mit einigen groben Kieselsteinen.

PRAXISINFO

Folienteich anlegen

🕐 **Zeitbedarf:**
je nach Größe mehrere Tage

Material:
✗ Bausand (zum Auskleiden von felsigem Untergrund)
✗ Schutzvlies
✗ Teichfolie

Werkzeug:
✗ Gartenschlauch oder dicke Schnur (zum Markieren des Teichumrisses)
✗ Spaten, Schaufel
✗ Schubkarre
✗ Plastikplane (zum Deponieren des Aushubes)
✗ Schere

Einen Fertigteich anlegen

Ein Fertigteich lässt sich im Vergleich zum Folienteich relativ schnell und problemlos einbauen.
Der Handel bietet eine riesige Auswahl an Fertigteichen aus billigerem UV-beständigem Polyethylen oder glasfaserverstärktem Kunststoff in den

> *Fieberklee wächst vom Ufer bis ins tiefere Wasser hinein.*

verschiedensten Größen und Formen an, die alle schon Mulden für die vier verschiedenen Tiefenzonen (→ Seite 8/9) mit eingebaut haben. Erkundigen Sie sich beim Kauf unbedingt danach, ob das verwendete Material unschädlich für Pflanzen und Tiere, UV-, verrottungs- und frostbeständig sowie schlag- und stoßfest ist.

Teichgrube festlegen

Bevor Sie mit dem Ausheben der Grube für den Fertigteich beginnen, sollten Sie noch einmal den geplanten Standort prüfen:

➤ Stellen Sie das gekaufte Teichbecken erst einmal an den vorgesehenen Platz. Bocken Sie die Flachwasserseite auf, damit das Becken nicht umkippt. Betrachten Sie nun den Teich aus allen Blickwinkeln des Gartens. Jetzt ist noch Zeit, die geplante Position zu verändern.

➤ Falls der Hersteller zum Abstecken der Teichform keine spezielle Schablone mitliefert, müssen Sie mit Hilfe eines Senklotes oder eines großen Winkeleisens und etwas weißem Vogelsand die Umrisse auf den Gartenboden übertragen.

➤ Geben Sie rundum noch etwa 50 cm zu, damit Sie genügend Platz zum Einsetzen des Teiches und zum Einschlämmen haben.

Teichgrube ausheben

Liegt der Standort fest und sind die Teichumrisse gut am Boden markiert, dann können Sie die Teichform erst einmal zur Seite stellen, denn jetzt muss zunächst die Grube ausgehoben werden.

➤ Beginnen Sie beim Ausheben der Teichgrube mit der tiefsten Stelle des Beckens. Die Teichgrube muss insgesamt 15 cm breiter und 5–10 cm tiefer als die jeweiligen Beckenausbuchtungen sein, da der Untergrund und die Zwischenräume zwischen Beckenrand und Boden mit Sand ausgefüllt werden.

➤ Schütten Sie nun auf die tiefste Mulde eine 5–10 cm hohe Schicht aus feuchtem Sand, um eventuelle Unebenheiten auszugleichen und für eine waagerechte Auflagefläche zu sorgen.

➤ Klopfen Sie die Sandschicht mit der Maurerkelle fest, und glätten Sie die Fläche. Dann prüfen Sie mit

1 Ausschachten

Heben Sie eine Grube entsprechend der Teichform aus, und geben Sie 15 cm in Tiefe und Breite zu.

2 Fläche richten

Richten Sie die Auflagefläche für das Fertigbecken vor dem Einsetzen des Beckens waagerecht aus.

3 Wasser einfüllen

Lassen Sie langsam Wasser einlaufen, damit das Becken nicht aufschwimmt.

einer Latte und der Wasserwaage, ob die Fläche nun auch waagerecht ist.

Fertigbecken einsetzen

Zum Einsetzen des Fertigbeckens in die vorbereitete Grube sollten Sie sich einen oder mehrere Helfer holen.

➤ Setzen Sie das Teichbecken ein, und richten Sie es mit einem Brett und einer Wasserwaage waagerecht aus.

➤ Geben Sie dem Becken dann eine leichte Neigung weg vom Haus (etwa 1 cm auf die gesamte Länge), damit bei starkem Regen überlaufendes Wasser nach der richtigen Seite ablaufen kann.

➤ Damit die Teichform nicht zur flachen Seite wegkippt, muss sie an dieser Stelle mit Styropor oder Gitterziegeln unterlegt werden.

➤ Füllen Sie dann den Zwischenraum zwischen Grube und Teichform mit Sand oder gesiebtem Aushubmaterial auf, und lassen Sie vorsichtig und langsam Wasser darauf fließen, damit sich der Sand verdichtet und gut um die Teichform legt.

➤ Damit die Form nicht aufschwimmen kann, sollten Sie gleichzeitig auch das Becken langsam mit Wasser füllen.

➤ Legen Sie nach dem Einschlämmen der Teichform und dem Auffüllen mit Wasser am besten 24 Stunden Ruhepause ein, damit sich der Boden unter dem Teichbecken und das am Rand eingeschlämmte Füllmaterial setzen können.

➤ Füllen Sie etwaige Lücken um den Beckenrand herum noch auf. Jetzt können Sie mit der Gestaltung des Teichrandes (→ Seite 18/19) und der Bepflanzung (→ Seite 28/29) beginnen. ■

PRAXISINFO

Fertigteich anlegen

🕐 **Zeitbedarf:**
je nach Beckengröße ein bis mehrere Tage

Material:
✗ Vogelsand (zum Markieren der Teichumrisse)
✗ Bausand
✗ Fertigteich
✗ Styropor oder Gitterziegel

Werkzeug:
✗ Spaten, Schaufel
✗ Schubkarre
✗ gerades Brett
✗ Senklot mit Schnur oder Winkeleisen
✗ Wasserwaage
✗ Gartenschlauch

Partybeleuchtung am
Gartenteich

Am Teich lässt es sich sehr schön feiern, vor allem, wenn abends für stimmungsvolle Beleuchtung gesorgt wird. Feiern im Garten und auch noch in Teichnähe ist ein ganz besonderes Vergnügen, vor allem dann, wenn Wasserfläche und Garten mit beginnender Dunkelheit in effektvolles Licht getaucht werden. Nebenbei sorgen sie für Sicherheit und markieren den Teichrand. Schauen Sie sich rechtzeitig vor dem Fest im Gartencenter oder Baumarkt um, was da alles an reizvollen Lichtquellen angeboten wird. Die Auswahl ist groß.

Kleine Strahler an der Wasserkante lassen Pflanzengruppen plastisch vor dem dunklen Hintergrund hervortreten.

Zwischen den Seerosen locken leuchtende Glaskugeln, die scheinbar auf der Teichoberfläche schwimmen, als positive Nebenwirkung die lästigen Mücken und Schnaken von der Sitzgelegenheit weg zum Wasser. Lichtspots auf Erdspießen können zu einer Beleuchtungskette verbunden werden. Mit solchen Spots können auch bestimmte Teichpartien hervorgehoben oder Stolperstellen besser ausgeleuchtet werden. Die Lichtkegel können leicht geschwenkt werden, und etwas nach unten gekippt blenden sie nicht. Ein integrierter Leuchtkörper lässt das Wasser einer Fontäne hell erstrahlen. Durch vorgesetzte Farbscheiben können interessante Effekte erzielt werden. Die Leuchtkörper im Wasser müssen regelmäßig von Algen befreit werden.

Schwimmkerzen in unterschiedlichen Farben, Formen und Anordnungen sorgen für interessante »Lichtblicke«.

Wasser, Licht, gutes Essen
und Trinken und liebe Freunde – was braucht es mehr für ein gelungenes Sommerfest?

Selbstleuchtende Kugeln,
im Garten ausgelegt, sorgen für Überraschungsmomente und weisen den Weg.

Leuchtende Glaskugeln, die auf der Teichoberfläche zu treiben scheinen, haben ihren besonderen Reiz.

Den Teichrand gestalten

Das »Tüpfelchen auf dem i« beim Anlegen eines Teiches ist zweifellos die Gestaltung seines Randes.

Bei der Gestaltung des Teichrandes bietet sich in erster Linie eine Kombination aus

> Eine Natursteinmauer ist der ideale Abschluss für ein Steilufer.

begehbarem und unbegehbarem Uferrand an.

➤ Für den nicht begehbaren Rand eignen sich Ufer- und Sumpfpflanzen, grober Kies und größere oder kleinere Natursteine als Materialien.

➤ Für den begehbaren Teil gilt: je natürlicher – desto schöner. Natürliche Materialien zur Befestigung des begehbaren Uferrandes sind Holz und Natursteine.

Holz oder Stein?

Sie können den Teichrand entweder mit Holzstegen, Holzpflaster, Steinpflaster oder Steinplatten dauerhaft und sicher begehbar machen. Beide Materialien sind in den verschiedensten Formen, Größen und Farben im Fachhandel erhältlich.

➤ Bei der Verwendung von Holz stehen unbehandelte Kanadische Rotzeder oder kesseldruckimprägnierte

heimische Fichte für lange Lebensdauer.

➤ Zwischen Holz und Teichwasser sollten Sie auf jeden Fall immer eine Folie anbringen, um zu vermeiden, dass im Holz enthaltene Stoffe ins Wasser gelangen.

➤ Steinpflaster ist dauerhaft wasserdurchlässig und unverwüstlich, dafür kostet die sorgfältige Verlegung ins Sandbett etwas Zeit.

➤ Eine viel gesehene Möglichkeit ist der begehbare Uferrand aus Steinplatten. Hier gibt es allerdings keinen fließenden Übergang zwischen Teich und Garten. Steinplatten brauchen eine feste Schotterunterlage.

SPARTIPP

>> schnell und einfach

Gestalten mit Kieseln

Einen fließenden Übergang vom Wasser zum Land erreichen Sie mit Kieselsteinen unterschiedlichster Größe.

➤ Lose Kieselsteine aus der Kiesgrube sind in der Regel billiger als Sackware aus dem Gartencenter.

➤ Sie können den Teichrand aber auch einfach mit Steinfolie (Stoneflex), in die bereits Kies eingearbeitet ist, versehen. Das sieht gut aus und sorgt für Trittsicherheit.

> *Holzstege entlang des Teichufers sind relativ preiswert und leicht zu verlegen.*

➤ Verwenden Sie keine Platten mit geschliffener Oberfläche. Sie sind in feuchtem Zustand glatt und rutschig.

Holzpflaster verlegen

Rundholzpflaster, das man vorgefertigt im Holz- und Baumarkt kaufen kann, muss in einem Kies- oder Sandbett verlegt werden.
➤ Heben Sie auf der gesamten zu pflasternden Fläche die Erde etwa 15 cm tief aus.
➤ Füllen Sie dann die ausgehobene Fläche mit Sand oder Kies auf.
➤ Betten Sie nun das Pflaster dicht an dicht in das vorbereitete Bett ein, und klopfen Sie es mit einem Gummihammer leicht an.

➤ Verteilen Sie zuletzt mit einem groben Besen auf dem fertigen Pflaster so viel Sand, bis alle Ritzen gefüllt sind.

Steinplatten verlegen

Auch Steinplatten brauchen einen stabilen Unterbau.
➤ Heben Sie einen etwa 30 cm tiefen Graben aus, und füllen Sie ihn mit Sand auf.
➤ Legen Sie die Platten nun möglichst fugenlos in das Sandbett. Richten Sie jede einzelne mit Hilfe der Wasserwaage aus.
➤ Klopfen Sie dann die Platten erst von der Seite, dann von oben mit einem Gummihammer fest, bis sich die Fugen schließen und die Platten waagerecht liegen. ■

PRAXISINFO

Holz- oder Steinpflaster verlegen

🕐 **Zeitbedarf:**
je nach Material und Teichgröße mehrere Tage

Material:
✗ Kies oder Sand (Untergrundmaterial für Holz- oder Steinpflaster)
✗ Holzpflaster
✗ Steinplatten oder Steinpflaster

Werkzeug:
✗ Spaten oder Schaufel (zum Ausheben der Verlegefläche)
✗ Wasserwaage
✗ Gummihammer (zum Anklopfen von Holz- oder Steinpflaster)
✗ grober Besen (zum Verteilen des Sandes)

Verschiedene Teichmodelle

Zierteich- oder Naturteich, Fischteich, Hangteich, Aufsitzteich oder Miniteich – Teich ist nicht gleich Teich! Wer einen Teich mit seiner vielfältigen Pflanzen- und Tierwelt in seinem Garten

> Wie eine kleine Insel ruht dieser Aufsitzteich auf der Terrasse.

anlegen möchte, wird schnell feststellen, wie viel verschiedene Möglichkeiten sich da anbieten. Für welche Art von Teich Sie sich letztendlich entscheiden, das hängt vom vorhandenen Platzangebot, der Geländeform, Ihrem Geldbeutel und Ihrem persönlichen Geschmack ab.

Der kleine Naturteich

Die Devise lautet: Die Natur so weit wie möglich walten lassen, nur durch regelmäßige Pflege etwas nachhelfen.
➤ Empfehlenswert ist eine Teichgröße ab 6 m^2 und eine Wassertiefe (Tiefwasserzone) von mindestens 80 cm.
➤ Wichtig ist je eine ausgedehnte Sumpf- und Flachwasserzone.
➤ Eine möglichst natürliche Randgestaltung mit kleinen Buchten, Steinhaufen oder Pflanzen schafft die idealen Lebensbedingungen.

Der Zierteich

Wesentliches Merkmal eines Zierteiches ist seine Vielfalt.
➤ Empfehlenswert ist eine Mindestgröße von 6 m^2.
➤ Setzen Sie nicht zu viele Pflanzen ein, damit auch noch etwas von der Wasserfläche zu sehen ist.
➤ Bei der Randgestaltung ist erlaubt, was gefällt.

Der Fischteich

Die Hauptsache für einen Fischteich ist sauberes, sauerstoffreiches Wasser.
➤ Es genügen schon 3–4 m^2 Wasserfläche, wenn der Teich gut gefiltert wird. Bei dieser Größe sind Luftpumpe und Oxydator aber unabdingbar!

TIPP

>> schnell und einfach

Miniteiche

Wer die Ausgaben und Mühen einer Gartenteichanlage scheut oder nur wenig Platz zur Verfügung hat, braucht auf die Faszination Wasser im Garten, auf Balkon und Terrasse nicht zu verzichten:
➤ Die verschiedensten Behältnisse wie Holzkübel und -fässer, alte Zinkwannen, Steintröge oder sogar Suppenterrinen lassen sich schnell, einfach und billig zu Miniteichen umfunktionieren. Undichte Gefäße werden einfach mit Folie ausgekleidet.

➤ Zur Überwinterung brauchen Fische eine Tiefwasserzone von etwa 1 m^2 und mindestens 70 cm Tiefe.

➤ Da Fische gerne gründeln, empfiehlt es sich, die Pflanzen in Gitterkörbe zu setzen (→ Seite 28/29).

➤ Legen Sie den Teichrand katzensicher an und gestalten ihn etwa zur Hälfte begehbar. So kommen Sie zum Füttern und Pflegen der Fische bequem an die Wasserfläche.

Der Teich am Hang

Auch wer keine ebenen Gartenflächen zur Verfügung hat, muss auf einen Teich nicht verzichten.

➤ Das Wichtigste bei der Anlage eines Hangteiches: Das Erdreich darf nicht ins Rutschen kommen, Hang- und Talseite müssen deshalb gut befestigt werden.

➤ Tragen Sie den Hang waagerecht so weit ab, bis das Teichbecken mit seiner Tiefwasserzone eine ebene Auflagefläche hat.

➤ Füllen Sie das Becken nun mit so viel Wasser, dass es stabil steht. Jetzt können Sie zunächst die Hangseite und dann die Talseite mit L-Steinen oder Holzpalisaden (Baustoffhandel) befestigen.

> *Größere Naturteiche kann man sehr lange sich selbst überlassen.*

Der Aufsitzteich

Teiche mit hoch gelegtem Wasserspiegel, so genannte Aufsitzteiche, eignen sich für Gärten mit felsigem Untergrund, in denen man nur sehr schlecht und mit viel Aufwand eine Grube ausheben kann, oder für Terrassen.

➤ Fixieren Sie das Teichbecken gut, damit es nicht umfallen kann, und richten Sie es waagerecht aus.

➤ Verkleiden Sie das Becken mit Holzpalisaden oder einer Natursteinmauer. ■

CHECKLISTE

Welcher Teichtyp passt zu mir?

✔ Ein Aufsitzteich eignet sich sehr gut, wenn der Gartenboden felsig und steinig ist.

✔ Hangteiche erlauben einen guten und bequemen Einblick ins Wasser.

✔ Ein Naturteich braucht in der Regel wenig Pflege.

✔ Ein Fischteich braucht eine Tiefwasserzone von mindestens 1 m^2 und einer Tiefe von 70 cm.

✔ In einem Zierteich ohne Seerosen und Fische lassen sich auch Wasserspiele unterbringen.

Bewegtes Wasser

Sprudelndes oder sanft plätscherndes Wasser steigert die Faszination eines Gartenteiches noch mehr.
Große oder kleine Wasserfälle und Wasserspiele in allen Variationen sind wunderschön und machen Spaß – vorausgesetzt, sie kommen im oder am Teich an den richtigen Platz, denn das Leben im Teich darf nicht

gestört werden. Pflanzen, Fische und andere Tiere vertragen es nicht, wenn sie ständig »beregnet« werden und von einem allzu stark bewegten Wasser umgeben sind. Am besten halten Sie sich an die drei folgenden Regeln:
➤ Kleiner Teich, kleines Wasserspiel.
➤ Ein naturnaher Teich verträgt allenfalls einen kleinen Wasserfall oder einen Quellstein am Teichrand – mehr würde nur Unruhe in den Teich bringen.
➤ Wasserspiele, die Wasser kräftig in die Höhe treiben (Springbrunnen) oder kraftvoll verwirbeln (Wasserstern), gehören nicht in Fischteiche. Sie sollten auch immer in ausreichender Entfernung zu den Wasserpflanzen angebracht und aufgestellt werden.

Der Wasserfall
Es gibt kaum einen Teich, bei dem sich ein Wasserfall nicht verwirklichen ließe.
➤ Kleine Wasserfälle lassen sich ohne großen Aufwand aus Fertigteilen (Bach- oder Wasserfallschalen aus Sand-

> *Aufsätze auf Pumpen »zaubern« ganz unterschiedliche Fontänen.*

stein, Keramik oder Kunststoff) zusammenbauen.
➤ Für jeden Wasserfall muss ein Gefälle geschaffen werden, das nicht zu steil sein sollte. Mit großer Kraft und Lautstärke auf die Wasseroberfläche fallendes Wasser stört das Leben im und am Teich erheblich.
➤ Bei kleinen Wasserfällen reicht es, für das Gefälle einen Erdhügel aufzuschütten und die einzelnen Stufen mit Hilfe von größeren Kieselsteinen und Erde zu unterfüttern.
➤ Steine bremsen den Wasserlauf und leiten ihn um. So fließt das Wasser langsamer, wird stärker »verwirbelt« und mit Sauerstoff angereichert.

> *Das Plätschern eines Wasserfalls lädt zum Träumen ein.*

Wasserspiele

Sanft plätschernde Wasserspiele wie Wasserspeier, Quellsteine und kleine Fontänen können in fast jedem Teich eingesetzt werden.

➤ Schließen Sie das Wasserspiel für den Frischwasserzulauf des Teiches an die Wasserleitung an, anstatt es mit Hilfe einer Pumpe mit Teichwasser zu betreiben.

➤ Wasserspeier gibt es unzählige – vom Frosch aus Kunststoff, Keramik, Stein oder Metall bis hin zum göttlichen Neptun aus Sandstein ist alles zu haben.

➤ Quellsteine, aus denen das Wasser senkrecht nach oben austritt und überläuft, bestehen oft aus Mühlsteinen oder mit einem Loch versehenen Findlingen. In den Gartencentern werden sie in unterschiedlichen Größen aus Naturstein oder Kunststoff als vollständige Bausätze mit Pumpe angeboten.

Springbrunnen

Springbrunnen passen am besten zu einem reinen Zierteich. Für einen Gartenteich mit Fischen, Teich- und Seerosen sind sie weniger geeignet: Das ständige Plätschern auf die Wasseroberfläche

> *Aus diesem Terrakotta-Topf entspringt ein kleiner Wasserlauf.*

stört nicht nur die Ruhe der Fische, sondern auch aller anderen Wassertiere und schädigt auf Dauer die Blätter der Seerosen.

Legen Sie daher für Ihren Springbrunnen ein separates Becken an. Leicht zu handhaben sind die im Fachhandel erhältlichen kompletten Springbrunnen-Bausätze mit Folienbecken, Pumpenschacht, Pumpe, Fontänenaufsatz und Pumpenschachtabdeckung. ∎

CHECKLISTE

Wasserspiele richtig aufstellen

✔ Stellen Sie Wasserspiele an der Grenze zum Nachbarn so auf, dass auch bei starkem Wind nichts hinüberspritzen kann.

✔ Achten Sie bei wasserspeienden Figuren auf einen sicheren Stand.

✔ Legen Sie beim Aufstellen eines Wasserspeiers im Folienteich zum Schutz der Folie ein Vlies unter.

✔ Quellsteine können auch auf Balkon oder Terrasse aufgestellt werden.

Accessoires für den
Gartenteich

Jeder Teich kann mit dekorativen Accessoires – wenn sie richtig platziert sind – noch aufgewertet werden.
Dekoratives rund ums Wasser gibt es für jede Stilrichtung und jeden Geschmack. Das Grün der Wasser- und Teichrandpflanzen z. B. lässt sich durch bunte Keramik oder bemalte Holzfiguren auflockern.
Stein- und Bronzefiguren im und am Teich sorgen für überraschende und oftmals erheiternde Blickfänge. So wirken z. B. ein hochbeiniger

Reiher oder eine überdimensionale Libelle aus Bronze natürlich und leicht, wenn sie am Teichrand ihren rechten Platz gefunden haben. Romantisch verspielt dagegen sind Steinfiguren, vor allem, wenn sie nach Jahren durch die Witterungseinflüsse eine Patina bekommen haben. Oder was halten Sie denn von schwimmenden Plastikenten auf der freien Wasserfläche, die sich der Reihe nach – von einem unsichtbaren Faden gehalten – nach dem Wind ausrichten?

Vielleicht wollen Sie auch mit täuschend echten Nachbildungen von Wasservögeln die wahren Vettern anlocken? Nicht zu vergessen die zahllosen, bunt bemalten Spaßfiguren, die im Wasser schwimmen oder aus der Bepflanzung schauen. Erlaubt ist, was gefällt! Überfrachten Sie Ihren Gartenteich jedoch nicht mit zu vielen, und vor allem verschiedenen Accessoires, sondern setzen Sie blickfangende, überraschende oder ungewöhnliche Akzente.

Spaßfiguren wie dieser gemütliche Dicke mit Schwimmring ziehen den Blick des Betrachters unweigerlich auf sich.

Kunstgegenstände, am und im Teich aufgestellt, werten den Teich noch mehr auf und lassen ihn zu einem außergewöhnlichen Blickfang werden.

Frösche sind ein sehr beliebtes Dekorationsmittel für den Teich und in den unterschiedlichsten Materialien, Größen und Formen erhältlich.

Pflanzenkauf und Pflanzgefäße

Eine schöne Bepflanzung im und am Teich verleiht Ihrem Wassergarten erst den ganz besonderen Charme.
Ein Gartenteich wird zur Attraktion, wenn es an und in ihm vom Frühjahr bis zum Herbst üppig grünt und blüht. Wenn die Pflanzen in unterschiedlichen Größen, Wuchsformen und Blütenfarben geschickt miteinander kombiniert werden. Dazu aber müssen Sie die Pflanzen

> *Gitterkörbe aus Plastik gibt es in verschiedenen Formen und Größen.*

gezielt auswählen, am richtigen Standort platzieren und artgerecht pflegen.

Bepflanzung planen
Planen Sie die Bepflanzung Ihres Teiches – wenigstens im Groben – zunächst einmal mit Zettel und Bleistift. Halten Sie sich an folgende Faustregeln pro Quadratmeter Wasser- oder Uferfläche:
➤ Für eine üppige Teichrandbepflanzung 6–8 kleinere oder 2–3 größere bzw. starkwüchsige Pflanzen
➤ Sumpfzone 4–6 Pflanzen
➤ Flachwasserzone maximal 3–4 Pflanzen
➤ 2–3 Unterwasserpflanzen

Kauf und Transport
Teichpflanzen gibt es in Gartencentern, im Gartenfachhandel und in den speziellen Wasserpflanzengärtnereien in großer Auswahl.
➤ Bevor Sie den Gang ins Gartencenter antreten, sollten Sie sich erst einmal bei Freunden und Nachbarn umschauen, die schon länger einen Teich angelegt haben. Sehr viele Sumpf- und Wasser-

pflanzen sind stark wüchsig und müssen immer wieder ausgelichtet werden – eine preiswerte Methode, an eigene Pflanzen zu kommen.
➤ Informieren Sie sich vorher über die Blütezeiten der gewünschten Pflanzen, damit es in und an Ihrem Teich vom Frühjahr bis zum Herbst auch immer etwas Blühendes gibt.
➤ Lassen Sie sich durch die geringe Größe der angebotenen Pflanzen nicht täuschen, denn manche Teichpflanzen wachsen sehr rasch zu großen Exemplaren heran.
➤ Nehmen Sie zum Kauf am besten eine Kunststoffwanne oder ein ähnliches Gefäß mit, in das Sie die gekauften Pflanzen stellen können, damit nicht unkontrolliert Wasser auslaufen kann.
➤ Setzen Sie die Neuerwerbungen möglichst rasch am vorgesehenen Platz ein.

Wann pflanzen?
Gepflanzt werden kann vom Frühjahr bis zum Herbst. Da die meisten Teichpflanzen in einzelnen Pflanzcontainern gezogen und angeboten wer-

den, gibt es beim Umsetzen vom Container in die Teicherde oder in den Gitterkorb keine Wurzelverletzungen, so dass die Pflanzen rasch und sicher anwachsen werden.

Geeignete Pflanzgefäße

Zum Einsetzen von Teichpflanzen im und am Teich gibt es im Handel die verschiedensten Pflanzgefäße:

➤ Gitterkörbe aus Plastik
➤ Pflanztaschen aus Kokosmaterial
➤ »Softkörbe« bzw. Pflanzbeutel aus weichem Kokos- oder Plastikmaterial

➤ Böschungsmatten aus Kokosmaterial mit oder ohne eingewebte Pflanztaschen.

Gitterkörbe

Gitterkörbe aus Plastik haben mehrere Vorteile:

➤ Sie können sehr bequem außerhalb des Teiches bepflanzt werden.
➤ Die Pflanzen benötigen relativ wenig Pflanzerde.
➤ Pflanzen mit unterschiedlichen Substratansprüchen können so nebeneinander untergebracht werden.
➤ Sie sind nicht sehr schwer und das Wasser kann beim Herausnehmen der Körbe gut ablaufen.

Die neueren Gitterkörbe sind engmaschiger, so dass Sie kein Vlies mehr einzulegen brauchen, um ein Ausschwemmen der Pflanzerde zu verhindern.

Böschungsmatten

Besonders praktisch und sehr vielseitig verwendbar sind Böschungsmatten aus Kokosfaser mit bereits eingewebten Pflanztaschen.

➤ Sie decken am Uferrand die Folie oder den Fertigteichrand vollständig ab.
➤ Sie können mit Ufer- und Flachwasserpflanzen leicht bestückt werden.

➤ Auch steile Ufer lassen sich mit Hilfe der Böschungsmatten problemlos bepflanzen.

Die richtige Pflanzerde

Gleichgültig, ob Sie Bodengrund in den Teich einbringen oder die Pflanzen in Gitterkörbe setzen, die Erde muss nährstoffarm sein. Empfehlenswert ist Teicherde aus dem Fachhandel oder ein Lehm-Sand-Gemisch aus einem Teil Lehmboden und 3–4 Teilen Flusssand. Auch gewaschener Sand oder Kies kann als Bodengrund verwendet werden. ■

Pflanzen einsetzen

>> **So verschieden die Lebensbereiche der Pflanzen sind, so unterschiedlich müssen sie auch gepflanzt werden.** Bevor Sie die Pflanzen einsetzen, sollten Sie einige Besonderheiten beachten, die v. a. für Unterwasser- und Schwimmpflanzen gelten:

> *Seerosen haben unterschiedliche Ansprüche an die Wassertiefe.*

➤ Setzen Sie im Boden wurzelnde Pflanzen entweder direkt in den Bodengrund ein oder bepflanzen Sie Gitterkörbe, um die Teichzonen individuell zu gestalten.

➤ Bei Rhizompflanzen, wie z. B. Seerosen, sollten Sie die Rhizome (Wurzelstrünke) immer waagerecht, nie senkrecht einpflanzen.

➤ Im Boden wurzelnde Unterwasserpflanzen und Pflanzen, die Ausläufer bilden, müssen in große, flache Körbe (Durchmesser etwa 30 cm) gesetzt werden.

Gitterkörbe bepflanzen

Gitterkörbe können sowohl in der Sumpfzone als auch im Wasser eingesetzt werden. Oft bereits mit Tragegriff ausgerüstet, lassen sie sich bequem ins Wasser versenken und richtig platzieren.

➤ Haben Sie noch einen weitmaschigeren Gitterkorb, dann müssen Sie den Korb auf jeden Fall mit einem Vlies auslegen, damit das Pflanzsubstrat nicht durch die Gittermaschen fällt und ins Teichwasser gelangt. Neuere Fabrikate sind engmaschiger und benötigen keine Vlieseinlage.

➤ Füllen Sie den Korb mit Teich- oder Pflanzerde, und setzen Sie Ihre Pflanze ein.

➤ Decken Sie die Erde mit einer Kiesschicht ab, damit sie nicht wegschwimmen kann.

➤ Tauchen Sie nun den Korb am Rand des Teiches ins Wasser, bis er sich vollständig mit Wasser voll gesogen hat, und platzieren Sie ihn dann am Bügel und mit Hilfe eines Eisenhakens oder Rechenstiels (→ Bild Seite 29) an der vorgesehenen Stelle im Wasser.

Taschen bepflanzen

Füllen Sie die Pflanztaschen nur mit wenig Erde. Setzen Sie dann die ausgetopften Containerpflanzen tief in die Taschen, und decken Sie die Oberfläche mit Kies ab. Achten Sie darauf, dass die Taschen flach am Ufer anliegen, sie sollen mit der Zeit verwachsen und später gar nicht mehr auffallen. Wenn nötig, schließen Sie die Tasche mit Bindedraht, damit die Pflanze vor dem Anwachsen nicht weggeschwemmt wird.

»Softkörbe« bepflanzen

Die neuerdings angebotenen weichen Kokos- oder Plastikbeutel eignen sich besonders

1 Taschen bepflanzen

Füllen Sie die Tasche mit Teicherde. Setzen Sie dann die Pflanze ein, und drücken Sie die Erde gut an, damit sie nicht wegschwimmt.

2 »Softkörbe«

Softkörbe aus Kokosmaterial oder Lochplastik müssen nach dem Bepflanzen zugezogen werden, damit die Pflanze nicht weggeschwemmt wird.

3 Seerose einsetzen

Versehen Sie Körbe, die im Wasser platziert werden sollen, mit Haltevorrichtungen, an denen sie ins Wasser gesenkt werden können.

gut zum Bepflanzen kleinerer Nischen und Ecken, da sie sich diesen Formen sehr gut anpassen.

Gitterziegel bestücken

Für alle Wasserpflanzen, die nicht in den Boden gepflanzt werden, die Sie aber an einem bestimmten Platz fixieren wollen, bieten Gitterziegel (im Baustoffhandel erhältlich) ein ideales Medium. Stecken Sie einfach die Triebe waagerecht durch die Gitteröffnungen, und versenken Sie die bepflanzten Ziegel dann vorsichtig im Teich.

Seerosen einsetzen

Pflanzen mit Rhizom wie See- und Teichrosen werden am besten einzeln in Gitterkörbe gesetzt.

➤ Verwenden Sie als Pflanzsubstrat ein Sand-Lehm-Gemisch im Verhältnis 1:1.

➤ Kürzen Sie die Wurzelhaare mit einem scharfen Gartenmesser oder einer Hippe, und entfernen Sie sorgfältig alle Faulstellen. Wundern Sie sich nicht, wenn es nach faulen Eiern stinkt, das ist normal.

➤ Setzen Sie den Seerosenkorb nun so ins Wasser, wie Sie das mit den Gitterkörben auch tun (→ Seite 28).

➤ Versenken Sie die Seerosen im ersten Jahr aber zunächst einmal im flacheren, und damit wärmeren Wasser. Sie blühen dann schneller. ▪

PRAXISINFO

Pflanzen einsetzen

🕐 **Zeitbedarf:**
je Pflanze etwa 15–30 Min.

Material:
- ✗ verschieden große Gitterkörbe
- ✗ Pflanztaschen
- ✗ Softkörbe aus Plastik oder Kokosmaterial
- ✗ Gitterziegel
- ✗ Pflanzerde
- ✗ Kies

Werkzeug:
- ✗ kleine Grabschaufel (zum Einfüllen der Pflanzerde)
- ✗ Eisenhaken oder Rechen
- ✗ scharfes Gartenmesser oder Hippe

Pflanzen für den Uferbereich

Die richtige Bepflanzung lässt die Grenze zwischen Wasser und umliegendem Garten verschwinden.
Für Flachwasser- und Sumpfzone, die relativ viel Sonne

> So farbenprächtig kann ein schattigerer Uferbereich aussehen.

abbekommen, steht ein großes Sortiment an Teichpflanzen zur Verfügung, so dass bei geschickter Auswahl das ganze Jahr durch eine üppige, abwechslungsreiche und bunte Bepflanzung

garantiert ist. Aber auch für schattige Uferbereiche gibt es eine große Zahl Schmuckpflanzen mit grünem, farbigem oder panaschiertem Laub, ebenso Farne, Gräser und Sträucher.

Die Grenze zum Garten

Zur Bepflanzung des Ufers zum Garten hin eignen sich alle nicht zu hoch werdenden Gehölze, Blütenstauden und Gräser, die auch sonst im Garten in Beeten und Rabatten zu finden sind. Sie sorgen die ganze Vegetationszeit über für üppige Blütenpracht, ausreichenden Windschutz sowie Deckungs- und Nistmöglichkeiten für allerlei Tiere, die

vom Teich angelockt werden. So entsteht ein Biotopverbund mit anderen Gärten.

Sonnige Uferbereiche

Der Ufergestaltung eines sonnig gelegenen Teiches sind kaum Grenzen gesetzt. Achten Sie vor allem darauf, dass die glatte, unschöne Folienkante überwachsen wird und die optische Grenze zwischen der Wasserfläche und dem Uferrand verschwindet.
Hier ein Beispiel für eine Pflanzkombination, die vom Wasser bis in den Uferbereich hineinreicht: Blutweiderich (*Lythrum salicaria*), Fieberklee (*Menyanthes trifoliata*), Gelbe Schwertlilie (*Iris*

TIPP

Kräuter am Teich

>> schnell und einfach

Auch die gesamte Palette der Würzkräuter ist in der Uferregion gut aufgehoben, zumal sie hier auch leicht und schnell zu erreichen sind.

➤ Beginnen Sie am trockenen Ufer mit den sonneliebenden mediterranen Kräutern. Pflanzen Sie dann zum Wasser hin die einheimischen, mehr Feuchtigkeit vertragenden Küchenkräuter. Pfefferminze, Schnittlauch und Zitronenmelisse dürfen sogar mit den Wurzeln fast im Wasser stehen. Die Brunnenkresse braucht das Wasser.

> Mit Blattschmuckpflanzen und Gräsern lassen sich schattige Uferbereiche attraktiver gestalten.

pseudacorus), Immergrün (*Vinca minor*), Sibirische Schwertlilie (*Iris sibirica*), Sumpfblutauge (*Comarum palustre*) und Sumpfdotterblume (*Caltha palustris*).

Schattige Uferbereiche

Lassen Sie in schattigen Uferbereichen den Übergang vom Wasser zum Ufer als Schattenplatz für die Fische frei und die Ufervegetation in die Wasserzone hineinwachsen.

➤ Im feuchten und halbschattigen Uferbereich gedeihen die meisten Farne sehr gut. Ihre hellgrünen, zarten Wedel beleben jedes Ufer, hellen den Hintergrund auf und eignen sich als Unterpflanzung größerer Gehölze.

➤ Der Halbschatten ist auch der Bereich, in dem Blattschmuckstauden wie Funkien (*Hosta sp.*), Astilben und Schaublatt (*Rodgersia*) ihren Standort haben.

➤ Selbst einige Blütenstauden (→ Seite 53) gedeihen noch im Halbschatten und sorgen für auffallende Kleckse im unterschiedlichen Grün der Blattschmuckstauden.

Gräser lockern auf

Der aufrechte, graziöse und zarte Wuchs der Gräser sorgt für die notwendige Auflockerung zwischen Blütenstauden. Sehr schön wirken schmalblättrige Binsen oder Rohrkolben und groß- und rundblättrige Funkien.

PRAXISINFO

Pflanzen für den Uferbereich

✗ **Sonniger Standort**
Blauer Eisenhut, Blaues Pfeifengras, Federborstengras, Frauenmantel, Garten-Rittersporn, Hängebirke, Immergrün, Lavendel, Lorbeer, Pfennigkraut, Rosmarin, Rosmarinheide, Schilf, Silberährengras, Sommerflieder, Tamariske, Teichbinse, Thymian, Wollgras, Zierkirsche

✗ **Schattiger Standort**
Blaues Pfeifengras, Federborstengras, Gelber Eisenhut, Frauenmantel, Hängebirke, Herzlilie, Immergrün, Lorbeer, Pfennigkraut, Rosmarinheide, Schaublatt, Schilf, Teichbinse, Wollgras, Zwergbambus

Am Gartenteich auf

Safari gehen

Ein Gartenteich lockt viele Tiere an. Das reichhaltige Leben weckt den Forscherdrang bei Groß und Klein. Sobald der Teich angelegt ist, finden sich schon die ersten Fluginsekten ein: flinke Wasserläufer, Schlammfliegen, Köcherfliegen und die großen, eleganten Libellen. Im ersten Jahr können all diese Tiere bei der Paarung und Eiablage beobachtet werden. Im folgenden Frühjahr sorgt dann das Schlüpfen der Libellenlarven für eine besondere Attraktion. Dieser Vorgang,

der einige Stunden dauern kann, lässt sich am besten frühmorgens verfolgen. Die Larven kriechen dann aus dem Schlamm an Pflanzenstängeln empor, sprengen ihre Hülle und entfalten sich langsam zu voller Schönheit. Liegt der Gartenteich in ländlicher Umgebung, dann finden sich auch bald Frösche, Kröten oder Molche aus dem Umland ein. Die Entwicklung vom abgelegten Laich bis zum ausgewachsenen Tier zu verfolgen ist ein Erlebnis, das man sich keinesfalls entgehen

lassen sollte. Kaulquappen fangen gehört ebenso zu den Kindheitserinnerungen wie das Beobachten der Wasserwelt im Einmachglas. Und alles, was man braucht, um den Forscherdrang zu befriedigen, sind:

➤ ein engmaschiger Kescher mit langem Stiel, zum Herausfangen der Wassertiere,
➤ ein größeres Einmachglas oder ein ausrangiertes Aquarium, in dem die »Beute« gut beobachtet werden kann,
➤ eine einfache Lupe zum genaueren Betrachten.

Wasserläufer gehören zu den ersten Besiedlern eines neu angelegten Teiches. Wie Schlittschuhläufer gleiten sie flink über die Wasseroberfläche.

Kescher und Einmachglas
gehören zur Ausrüstung junger
Teichforscher. Lassen Sie
jedoch Kleinkinder nie ohne
Aufsicht am Teich!

Libellen können die ganze
Saison über am Teich beobachtet werden, besonders interes-
sant ist jedoch der Schlüpf-
vorgang im Frühjahr.

Kaulquappen, die Entwicklungs-
stadien von Fröschen, lassen sich
am besten in einem Aquarium
beobachten.

Die richtige Wasserqualität

Ob sich Tiere und Pflanzen im Teich wohl fühlen, hängt im Wesentlichen von der Qualität des Wassers ab. Ein Teichwasser, das durchscheinend bis zum Grund ist, muss nicht immer auch ge-

> *Übermäßiger Algenwuchs ist ein Zeichen für zu hohen Nährstoffgehalt.*

sund sein. Im Wasser spielen sich viele Lebensvorgänge ab, die es zeitweise trüb aussehen lassen, ohne dass das Wasser gleich schlecht sein muss. Wasser hat ein Eigenleben mit messbaren Eigenschaften,

die sich ändern können. Es ist hart oder weich, sauer oder alkalisch und enthält Stoffe, die für Tiere und Pflanzen nützlich oder schädlich sind. Ausschlaggebend für die Wasserqualität sind Säuregrad, Nitrit-Nitrat-Gehalt (Stickstoffverbindungen) und Wasserhärte.

In Zierteichen ist eine regelmäßige Kontrolle des Wassers nötig und im Fall der Fälle vor allen Dingen rasches Handeln.

In Naturteichen, in denen keine oder nur sehr wenig Fische leben, sind Kontrollen nur ab und an erforderlich. Alle Wasserwerte lassen sich mit den Test-Sets aus dem Fachhandel bequem messen.

Säuregehalt messen

Der Säuregrad des Wassers, der pH-Wert, lässt sich leicht mit einem im Fachhandel erhältlichen Prüfset messen. Der Neutralwert ist mit der Ziffer 7 angesetzt. Werte von 0–6,9 besagen, dass das Wasser sauer ist. Werte von 7,1 bis 14 zeigen an, dass das Wasser alkalisch (basisch) ist.

Der optimale pH-Wert für Fische liegt bei 6,5–7 (leicht sauer) bzw. bei 7,1–8,5 (leicht alkalisch). pH-Werte unter 6 können den Fischbestand gefährden. Sollte der pH-Wert in den sauren Bereich abgleiten, lassen Sie einfach Frischwasser zulaufen, um das Wasser auszutauschen.

Nitrit/Nitrat messen

Absterbende Pflanzenteile und Ausscheidungen von Fischen und anderen Teichbewohnern werden von Bakterien zersetzt. Während dieses Prozesses entsteht das für die Fische giftige Nitrit (NO_2), das in harmloses Nitrat (NO_3) umgewandelt wird. Bei diesem chemischen Vorgang wird dem Wasser Sauerstoff entzogen. Solange ausreichend Sauerstoff vorhanden ist und nicht zu viele Abfallstoffe im Wasser sind, funktioniert dieser sich ständig wiederholende Prozess reibungslos. Die Stickstoff-Verbindungen werden über die verschiedenen Pflanzen als willkommener Nährstoff verarbeitet, bleiben niedrig und beeinflussen das Wohlbefinden der Fische nicht. Zur Vorsorge ist es gut, alle vier Wochen ein Drittel des Wassers zu wechseln.

Wasserhärte bestimmen

Kalzium- und Magnesiumgehalt des Wassers bestimmen den Härtegrad. Die Gesamthärte des Wassers wird in Grad dH (Grad deutscher Härte) gemessen. Man unterscheidet die verschiedenen Härtegrade des Wassers wie folgt:

    4–8   Grad dH = weich
    8–17 Grad dH = mittelhart
18–30 Grad dH = hart.

> *Goldfische fühlen sich bei einem pH-Wert von 7 am wohlsten.*

Mittelhartes Wasser (8 bis 17 Grad dH) vertragen die meisten Fische gut, viele gedeihen auch in härterem Wasser. Wichtig für die Wasserhärte ist die Karbonathärte (KH). Sie ist ein Teil der Gesamthärte und wird mit Hilfe von Reagenzien gesondert gemessen. Von der Karbonathärte ist es abhängig, inwieweit Schwankungen der pH Werte so aufgefangen werden können, dass sie nicht ins Extreme gehen – was für viele Lebewesen tödlich wäre. ■

CHECKLISTE

Was zeichnet gutes Wasser aus?

In Teichwasser, das folgende Bedingungen erfüllt, gedeihen Fische und andere Wasserlebewesen am besten:

✔ Der Säuregrad liegt bei pH 6–7.

✔ Die Wasserhärte liegt im mittleren Bereich und beträgt 7–14 Grad dH.

✔ Das Wasser ist sauerstoffreich.

✔ Das Verhältnis von Nährstoffeintrag und Nährstoffverbrauch ist ausgewogen.

Pflege übers Jahr

Je größer der Gartenteich ist und je mehr Wasser bewegt wird, umso weniger Pflegeaufwand benötigt er.
Mit dem Anlegen und Bepflanzen eines Teiches ist die meiste Arbeit erst einmal getan. Lediglich die in jedem frisch angelegten Teich auftretenden Algen sollten Sie im Auge behalten. Sobald sich allerdings genügend Klein-

> *Zu groß gewordene Pflanzen werden im Herbst oder Frühjahr geteilt.*

lebewesen eingefunden haben und die ersten Wasserpflanzen angewachsen sind und sprießen, verschwinden die Algen meist von allein.

Sommer – Ruhezeit
Den Sommer über können Sie sich die meiste Zeit am Leben im und am Teich erfreuen, denn die meisten der Pflegemaßnahmen fallen im Herbst und Frühjahr an.
➤ Kontrollieren Sie – vor allem nach längeren Regenfällen – immer wieder einmal, ob die Wasserwerte alle noch in Ordnung sind.
➤ Bei einer länger andauernden Hitzeperiode kann es auch notwendig werden, immer wieder Wasser nachzufüllen.
➤ Starkwüchsige Pflanzen sollten Sie regelmäßig auslichten, damit auch die langsamer wachsenden genügend Platz finden, um sich ausbreiten zu können.

Wintervorbereitung
Im Herbst ist die meiste Teichpflege angesagt, denn jetzt muss der Teich für den Winter vorbereitet werden.

> *Laub und abgestorbene Pflanzenteile müssen abgefischt werden.*

➤ Pflanzen, die zu stark gewachsen sind, müssen zurückgeschnitten, ausgelichtet oder geteilt werden. Setzen Sie das Kleingetier, das in großer Zahl in den Pflanzen hängt, unbedingt wieder in den Teich zurück.
➤ Jetzt ist es Zeit, Um- und Neupflanzungen vorzunehmen, damit der Aufwuchs im Frühjahr nicht unnötig beeinträchtigt wird.
➤ Empfindliche und hochwüchsige Teichrandpflanzen müssen entweder zusammengebunden oder 50 cm über dem Boden in Windrichtung abgeknickt und bis zum Frühjahr als Frostschutz am Boden liegen gelassen werden.

➤ Herbstlaub aus dem Teich entfernen.

➤ Es ist empfehlenswert, ein Drittel des Teichwassers zu wechseln, damit es im Frühjahr nicht zu einem Sauerstoffmangel kommt.

➤ Tauchpumpen, die Bäche, Wasserfälle oder Wasserspiele antreiben, müssen jetzt ausgeschaltet und aus dem Teich genommen werden, ebenso Filter. Sie könnten beim Stillstehen verschmutzen oder einfrieren. Mit einem kräftigen Wasserstrahl »durchblasen«, abspülen und danach trocken lagern.

➤ Den Oxydator prüfen und eventuell die Katalysatorlösung auffüllen.

➤ Um Fische gut über den Winter zu bringen, muss der Teich – zumindest teilweise – mit Eisfreihalter oder Teichheizer eisfrei gehalten werden.

➤ Sehen Sie regelmäßig nach, ob der Teich nicht ganz zugefroren ist oder der Oxydator oben schwimmt und gefüllt werden muss.

Start in die Teichsaison

Im Frühjahr wird es wieder Zeit, im und am Teich nach dem Rechten zu sehen:

➤ Die Uferbefestigung und den Teichrand kontrollieren,

> *Lassen Sie den Teich nicht vollkommen zufrieren, vor allem bei Fischbesatz.*

eventuell lose Steine oder Platten befestigen.

➤ Alle technischen Geräte überprüfen, ob sie auch einwandfrei funktionieren.

➤ Filter und Wasserpumpen prüfen, wieder einsetzen und anstellen.

➤ Pflanzen, die im Herbst nicht abgeschnitten wurden (Rohrkolben, Schilf, Binsen, Gräser) vor dem Neuaustrieb zurückschneiden.

➤ Wasser testen und wenn nötig regulieren. ■

CHECKLISTE

Den Teich richtig überwintern

✔ Sind alle Wasserpumpen und Filter abgestellt und aus dem Teich entfernt?

✔ Ist der Eisfreihalter in erreichbarer Nähe, so dass ein regelmäßiger Gasaustausch sichergestellt ist?

✔ Hält die Luftpumpe ein Loch im Teich offen?

✔ Ist der Oxydator gefüllt?

✔ Ist der Teichheizer installiert, so dass er bei Bedarf nur noch eingeschaltet werden muss?

Häufige Teichprobleme

Wenn Sie Ihren Teich regelmäßig beobachten, können Pannen relativ leicht und schnell behoben werden. Da die meisten Teiche so im Garten platziert sind, dass man sie täglich gut vor Augen hat, können kleinere und größere Probleme relativ schnell erkannt und meist auch leicht selbst behoben

werden. Vorbeugen ist aber immer besser als Heilen.

Blasen steigen auf

Durch absterbende Pflanzenteile kann sich im Laufe der Zeit am Boden des Teiches eine sauerstoffarme Faulschlammschicht bilden. Beim Abbauprozess können Faulgase und giftige Substanzen entstehen.

➤ Ein Ausströmerstein sorgt für einen hohen Sauerstoffgehalt und die Umwälzung der Wasserschichten.

➤ Durch regelmäßige Zugabe von besonderen Bakterienkulturen lassen sich sogar alte Faulschlammschichten biologisch wieder abbauen.

➤ Nur in seltenen Fällen muss übermäßiger alter Bodenschlamm mit Eimer und Schaufel entfernt werden.

Grünes Teichwasser

Das Teichwasser ist erbsengrün gefärbt und erscheint schmutzig. In Wahrheit ist es aber der Volvox. Unzählige Mengen dieses winzigen Einzellers mit eingelager-

tem Blattgrün sind die Ursache einer solchen Wasserverfärbung. Die »Volvox-Blüte« verbraucht riesige Mengen an Sauerstoff, es könnte also zu Sauerstoffmangel im Teich kommen.

➤ Ein Wasserwechsel bringt in solchen Fällen wenig.

➤ Im Fachhandel erhältliche Torf-Stroh-Extrakte senken den pH-Wert und die Vermehrung der Einzeller.

➤ Eine sichere Abhilfe bietet nur der UV-Wasserklärer in Verbindung mit einem Oxydator (→ Seite 10/11).

Algen »en masse«

Übermäßiger Algenwuchs oder ein Teppich von Wasserlinsen zeigen an, dass zu viele Nährstoffe im Wasser gelöst sind, die von den anderen Wasserpflanzen nicht abgebaut werden können.

➤ Sorgen Sie in erster Linie für eine ausreichende Sauerstoffzufuhr.

➤ Setzen Sie nährstoffzehrende Schwimm- und Unterwasserpflanzen wie Wasserhornkraut, Wasserlinse oder Wasserpest in den Teich.

> *Übermäßiger Algenbewuchs ist ein häufiges Übel.*

TIPP

> Ein Teppich aus Wasserlinsen ist ein sicheres Anzeichen für Nährstoffüberschuss im Wasser.

➤ Schwimmpflanzen wie Hornkraut, Tausendblatt oder Seerosen sorgen dafür, dass das Wasser nicht zu stark aufgeheizt wird und mehr Sauerstoff bekommt.

➤ Natürliche und wirkungsvolle Algenbekämpfer sind Graskarpfen.

➤ Fadenalgen zieht man mit einem Rechen vorsichtig aus dem Wasser oder wickelt sie um einen Holzstab, von dem sie später mit den Fingern abgestreift werden können.

➤ Sorgen Sie bei zu hohen Wassertemperaturen für eine ausreichende Zufuhr von frischem Wasser.

Schäumendes Wasser

Ursache dieses Phänomens ist in der Regel nicht gefressenes Fischfutter.

➤ Wechseln Sie ca. ein Drittel des Wassers (überlaufen lassen!) und geben Sie Aufbereitungsmittel zu.

➤ Füllen Sie den Oxydator frisch auf.

➤ Eine Woche nicht füttern.

➤ Kontrollieren Sie die Temperatur im Teich und füttern Sie unter 12 °C nicht mehr. ■

>> schnell und einfach

Was tun, wenn der Wasserstand sinkt?

Wenn der Wasserstand im Folienteich aus unerklärlichen Gründen absinkt und in einer bestimmten Ebene stoppt, steht wahrscheinlich das Folienende irgendwo nach unten, und es bilden sich haarfeine Kanälchen, in denen das Wasser wie mit einem Schlauch abgesogen wird. Kontrollieren Sie den Folienrand, und stellen Sie das Folienende nach oben.

CHECKLISTE

Notfall-Vorsorge

✔ Haben Sie ein Quarantänebecken für erkrankte Fische oder Neubesatz?

✔ Haben Sie den Stecker gezogen, bevor Sie an technischen Geräten arbeiten?

✔ Ist für einen schnellen Wasserwechsel im Notfall genügend Wasseraufbereitungsmittel im Haus?

✔ Ist das Folien-Reparaturset noch brauchbar?

✔ Haben Sie für notwendigen Filterwechsel ausreichend frisches Filtermaterial im Haus?

Fische im Teich

Fische im Gartenteich zu halten, bedeutet nicht nur Spaß beim Beobachten – etwas Pflege muss sein!
Die meisten einheimischen Fische, die sich für den Gartenteich eignen, sind relativ

> *Kois werden leicht zahm und fressen dann sogar aus der Hand.*

pflegeleicht und mehr oder weniger häufig im Zoofachhandel erhältlich. Zierfische, wie Goldfische und die erstaunlich zahm werdenden Kois, brauchen vor allen Dingen sauberes, sauerstoffrei-

ches Wasser und einen nicht zu kleinen Teich mit einer Tiefenzone von mindestens 1 m^2 Fläche und 80 cm Wassertiefe, damit die Tiere im Teich überwintern können.

Fische kaufen
Fischpflege beginnt schon beim Kauf der Tiere:
➤ Kaufen Sie nur in gut geführten Fachgeschäften.
➤ Lassen Sie sich die Tiere für den Transport gut verpacken. Große Fische einzeln im Beutel transportieren und die Beutel nur zur Hälfte mit Wasser füllen lassen.
➤ Die Beutel mit den Fischen am besten liegend und dunkel transportieren.

Zehn wichtige Regeln
Wenn Sie die folgenden zehn Regeln zum Halten von Fischen im Teich beherzigen, werden Sie viel und lange Freude an den Tieren haben.
➤ Nur gesunde Fische kaufen (→ CHECKLISTE).
➤ Anfangs nicht zu viele Fische einsetzen, da sich die meisten im Teich vermehren.
➤ In einen neu angelegten Teich erst nach etwa drei Wochen Fische einsetzen; bis dahin hat sich die Wasserqualität stabilisiert.
➤ Den geschlossenen Transportbeutel mit den Fischen im schattigen Teil zunächst so lange auf der Wasseroberfläche schwimmen lassen, bis

SPARTIPP

Fische zu verschenken!

>> schnell und einfach

Vor allem Goldfische vermehren sich auch im Gartenteich sehr gut und schnell. Daher ist manch ein Teichbesitzer froh, wenn er ab und zu ein paar seiner Zöglinge kostenlos oder günstig in gute Hände abgeben kann.

➤ Hören Sie sich daher vor dem Kauf von Fischen erst einmal um, ob nicht jemand in Ihrer Nähe überzählige Fische hat, die er gerne kostenlos in gute Hände abgeben möchte. Erkundigen Sie sich über die bisherigen Haltungsbedingungen der Tiere.

> *Goldorfen fressen gerne Stechmückenlaven von der Wasser-oberfläche.*

der Temperaturunterschied zwischen Verkaufsbecken (erfragen!) und Teichwasser (messen!) ausgeglichen ist.

➤ In den ersten beiden Tagen noch nicht füttern! Die Fische müssen erst die Futterstelle kennen lernen und die Umstellungen verkraften.

➤ Regelmäßig, wenn möglich zur gleichen Tageszeit, füttern. Nur so viel füttern, wie die Fische in kurzer Zeit fressen, denn nicht gefressenes Futter verschlechtert schnell die Wasserqualität.

➤ Beobachten Sie das Verhalten der Fische regelmäßig. Prüfen Sie bei Veränderungen zu allererst die Wasserwerte, und greifen Sie sofort regulierend ein (→ Seite 34/35).

➤ Sobald die Wassertemperatur unter 12 °C sinkt, die Fütterung einstellen und im Frühjahr erst wieder bei Temperaturen über 12 °C mit der Fütterung beginnen.

➤ Kontrollieren Sie bei Futterverweigern oder Hauttrübungen zuerst den Filter und die Sauerstoffversorgung.

➤ Achten Sie auf Krankheitsanzeichen: Scheuern an Steinen oder weiße, flaumige Hautstellen deuten auf einen Befall mit Parasiten hin. Keineswegs die Fische herausfangen, denn es muss immer die ganze Wassermenge im Teich behandelt werden. Fragen Sie auf jeden Fall Ihren Fachhändler nach dem richtigen Medikament. ■

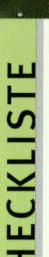

CHECKLISTE

Ist der Fisch gesund?

✔ Die Augen sind klar.

✔ Die Schleimhaut ist transparent, nicht weiß.

✔ Die Flossen sind unverletzt und nicht ausgefranst.

✔ Der Bauchbereich ist weder eingefallen noch aufgebläht.

✔ Der Fisch steht ruhig im Wasser, mit dem Kopf gegen die Strömung.

✔ Die Atmung ist gleichmäßig und nicht heftig und schnell.

✔ Der Körper ist unverletzt – fehlende Schuppen haben meist nichts zu bedeuten.

✔ Der Fisch kommt regelmäßig zur Fütterung und frisst.

Pflanzenporträts

Pflanzen für den Uferrand

Die Artenvielfalt der Pflanzen, die sich für den Uferrand empfehlen, ist schier unübertroffen. Sie können hier im Prinzip all das anpflanzen, was Sie auch in Beeten und Rabatten im übrigen Garten angepflanzt haben, so dass das ganze Jahr auch am Teich immer etwas Blühendes zu finden ist. Die Uferrandbepflanzung verbindet den Teich mit dem restlichen Garten, so dass ein harmonisches Gesamtbild entsteht und der Teich nicht isoliert wirkt. Für sonnige Uferpartien eignen sich niedrige Gehölze, Blütenstauden und Gräser, für schattige Bereiche Blattschmuckstauden, Farne und Moose.

Die Pflanzzone darf feucht sein, sollte aber keine Staunässe erlauben. Dabei dürfen die Pflanzen sehr wohl mit ihren Wurzelausläufern »zum Trinken« bis ins Wasser wachsen. Sie müssen nur genügend Sauerstoff an den Wurzeln zur Verfügung haben, sonst faulen sie.

Bambus
Thamnocalamus spathaceus

Höhe: 3–4 m
Blütezeit: nicht vorhersehbar
mehrjährige Staude

➤ **stirbt nach der Blüte ab**

Aussehen: sehr groß werdender, immergrüner Busch mit hellgrünen, länglichen Blättern; Blüten weißlich gelb
Standort: sonnig bis halbschattig; feucht bis halbtrocken, sehr anpassungsfähig
Pflege: kann durch Schnitt kürzer gehalten werden; im Winter zusammenbinden, damit der Busch geschützt ist und nicht durch Schneebruch geschädigt wird
Vermehrung: im Frühjahr durch Teilen des Wurzelstocks (mindestens halbieren)

Blutweiderich
Lythrum salicaria

Höhe: 80–150 cm
Blütezeit: Juni – September
mehrjährige Staude

➤ **besonders pflegeleicht** ✿

Aussehen: straff aufrechte Horste; lanzettliche Blätter; Blüten klein, zahlreich, violettrot, in dichten, kerzenförmigen Ähren
Standort: sonnig bis halbschattig; frischer bis nasser, auch überfluteter, nährstoffreicher Boden
Pflege: Verblühtes abschneiden, um Nachblüte anzuregen; im Frühjahr bis kurz über den Boden zurückschneiden
Vermehrung: im Frühsommer durch Steckling oder Teilen des Wurzelstocks

Königsfarn
Osmunda regalis

Höhe: 60–200 cm
Blütezeit: keine Blütenpflanze
langsamwüchsige Staude

➤ **besonders pflegeleicht** ✿

Aussehen: horstartiger, auf-
rechter, trichterförmiger
Wuchs; große, doppelt ge-
fiederte, hellgrüne Wedel, sehr
schöne gelbe Herbstfärbung
Standort: bei trockenem
Boden halbschattig bis schattig, bei feuchtem Boden auch
sonnig; bevorzugt lockeren,
sauren Boden; genügend Frei-
raum lassen
Pflege: regelmäßig mit Laub-
humus und Nadelstreu ver-
sorgen, sonst anspruchslos
Vermehrung: durch Sporen-
aussaat

Sibirische Schwertlilie
Iris sibirica

Höhe: 60–80 cm
Blütezeit: Mai – Juni
mehrjährige Rhizompflanze

➤ **besonders pflegeleicht** ✿

Aussehen: bildet dichte Horste; Blätter grasartig; bis zu drei
große, attraktive blauviolette
Blüten auf 50–100 cm hohem
Stängel
Standort: sonnig; auf frischem
bis feuchtem, nährstoffreichem
Boden; darf nicht im Wasser
stehen
Pflege: im Frühjahr alte Stängel und abgestorbene Blätter
bis zum Boden zurückschneiden und große Bestände teilen
Vermehrung: durch Teilung,
Tochterpflanzen oder Selbst-
aussaat

Taglilie
Hemerocallis-Hybriden

Höhe: 40–110 cm
Blütezeit: Mai – Juli
blühfreudige Staude

➤ **leicht umzusetzen**

Aussehen: breit horstartiger
Wuchs; kleine bis große,
trichterförmige Blüten in den
verschiedensten Farbtönen,
auch duftend, öffnen sich
jeweils nur für einen Tag;
Blätter grasartig schmal
Standort: sonnig bis halbschattig; mäßig trocken bis
feucht; nährstoffreicher Lehmboden
Pflege: Verblühtes gleich
abschneiden; im Herbst
zurückschneiden
Vermehrung: durch Teilung
des Wurzelstocks

Pflanzen für die Sumpf- zone

Die Vielfalt der Sumpfpflanzen ist schier unerschöpflich, so dass es in der Sumpfzone bei geschickter Pflanzenauswahl vom Frühjahr bis in den Herbst hinein in den verschiedensten Farben grünt und blüht. Planen Sie für diese Zone daher genügend Platz ein.

Und so faszinierend wie ihre prachtvollen Blüten und ihr Reichtum an Blattformen und Blattstrukturen ist auch die Lebensweise dieser Pflanzen. Viele von ihnen stehen mit den Wurzeln, manche auch noch mit den untersten Sprossteilen im Wasser.

Die Pflanzen dieser Zone haben sich so weit angepasst, dass sie sowohl im feuchten Boden als auch bei einem Wasserstand von etwa 15 bis 20 cm gut gedeihen.

Viele Sumpfpflanzen lieben leicht sauren Boden mit einem pH-Wert um 6, andere bevorzugen kalkhaltigen Boden mit einem pH-Wert von 7,5 und höher.

Fieberklee
Menyanthes trifoliata

Höhe: 20–40 cm
Blütezeit: April – Juni
mehrjährige Rhizompflanze

☼

➤ **bildet Ausläufer**

Aussehen: bildet lockere Bestände; Blätter kleeartig; Blüten weiß bis leicht rosa, gefranst, zu mehreren in dichten Trauben
Standort: sonnig; von der Sumpfzone bis in 30 cm Wassertiefe; liebt kalkarmen Boden
Pflege: problemlos; wuchernde Pflanzen einkürzen oder abstechen
Vermehrung: im Mai/Juni durch Abtrennen bewurzelter Ausläufer, Pflanzabstand etwa 20 cm

Gauklerblume
Mimulus luteus

Höhe: 30–40 cm
Blütezeit: Juni – September
blühfreudige Staude

☼ ◐

➤ **starkwüchsig**

Aussehen: buschiger Wuchs; kräftig grüne, eiförmige Blätter; große Blüten, leuchtend gelb mit rotem Schlund, bis zu 6 an einem Stängel, lang andauernd
Standort: sonnig bis halbschattig; von der Sumpfzone bis in 5 cm Wassertiefe
Pflege: problemlos; wuchernde Pflanzen immer wieder einmal stark auslichten und zurückschneiden
Vermehrung: im Frühjahr durch Teilung oder Anzucht aus Samen

✿ besonders pflegeleicht ☼ sonnig ◐ halbschattig ● schattig

Gelbe Schwertlilie
Iris pseudacorus

Höhe: 80–120 cm
Blütezeit: Mai – Juli
mehrjährige Rhizompflanze

➤ **besonders pflegeleicht** ✿

Aussehen: horstartiger Wuchs; schwertförmige Blätter; gelbe Einzelblüten auf bis zu 1 m hohen Stielen; kriechende Wurzelstöcke; die Pflanze ist giftig
Standort: sonnig bis halbschattig; von der Sumpfzone bis in 20 cm Wassertiefe; benötigt viel Platz
Pflege: alte Blätter und Stängel im Herbst oder Frühjahr ausschneiden
Vermehrung: durch Teilen des Wurzelstockes im Frühjahr oder Aussaat

Sumpfcalla
Calla palustris

Höhe: 15–20 cm
Blütezeit: Mai – Juli
mehrjährige Rhizompflanze

➤ **schöne Schattenpflanze**

Aussehen: bildet dichte, bodendeckende Bestände, schlängelnde Wuchsform; unscheinbare, gelblich grüne Blüten, zu mehreren in einem Kolben, von einem weißen Hochblatt umgeben; die Pflanze ist giftig
Standort: halbschattig bis schattig; 5–15 cm Wassertiefe, am liebsten torfhaltiger Moorboden
Pflege: bei zu starkem Wuchern Rhizome einkürzen
Vermehrung: im Frühjahr durch Teilen des Rhizoms

Sumpfdotterblume
Caltha palustris

Höhe: 20–30 cm
Blütezeit: März – Juni
Polster bildende Staude

➤ **besonders pflegeleicht** ✿

Aussehen: bildet schnell große Polster; Blätter glänzend grün; Blüten leuchtend gelb, auch weiße Form im Handel; die Pflanze ist giftig
Standort: sonnig bis halbschattig; an oder in Bächen, an Teichrändern; bevorzugt lehmhaltigen Boden
Pflege: problemlos; wuchernde Pflanzen durch Abstechen des Wurzelballens begrenzen; Blätter im Sommer ausdünnen (Mehltaugefahr!)
Vermehrung: im Frühjahr durch Teilung oder Aussaat

✂ Pflanze zurückschneiden   ☒ giftig oder hautreizend

Pflanzen für das flache Wasser

In der Flachwasserzone leben die wichtigsten Pflanzen für den Gartenteich. Sie verfügen über ein besonders starkes Wurzelwerk und sind zudem sehr wuchsfreudig und robust. Je nach Art vertragen die Pflanzen Wasserstände zwischen 10 und 40 cm. Das bedingt einen hohen Nährstoffbedarf. Diesen decken die Pflanzen über das dichte Wurzelgeflecht aus dem Wasserbereich ihrer Umgebung – und sind damit die natürlichen Filter, die im Wasser gelöste Nährstoffe herausziehen. Sie klären das Wasser und sind die besten Konkurrenten der Algen! Im dichten Wurzelgeflecht finden zudem Jungfische und andere größere Wassertiere guten Unterschlupf vor Fressfeinden und ein reichliches Nahrungsangebot. Die Pflanzen dürfen nicht zu dicht gepflanzt und müssen regelmäßig eingekürzt werden, sonst droht der Teich zu verlanden.

Ästiger Igelkolben
Sparganium erectum

Höhe: 70–100 cm
Blütezeit: Mai – Juli
mehrjährige Rhizompflanze

➤ **besonders pflegeleicht** ✿

Aussehen: schmale, hellgrüne Blätter; Blüten unscheinbar, grünlich bis weißlich, in kugeligen Blütenständen; stachelige Früchte
Standort: sonnig bis halbschattig; bis 20 cm Wassertiefe; nährstoffreicher Boden
Pflege: bildet in kurzer Zeit einen dichten Bestand, muss daher regelmäßig eingekürzt oder in Gitterkörbe gepflanzt werden; im Frühjahr alte Blätter abschneiden
Vermehrung: leicht durch Teilen des Rhizoms im Frühjahr

Hechtkraut
Pontederia cordata

Höhe: 50–100 cm
Blütezeit: Juni – Oktober
mehrjährige Rhizompflanze

  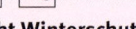

➤ **braucht Winterschutz**

Aussehen: wucherndes Rhizom; glänzende Blätter; kleine, blaue Blüten in etwa 10 cm langer, dichter Ähre
Standort: sonnig bis halbschattig; warm; bis in 40 cm Wassertiefe
Pflege: im Herbst abschneiden; frostempfindlich, daher Wurzelstock mit Winterschutz aus Stroh oder Fichtenreisig versehen, erst Mitte Mai entfernen, da die frischen Triebe extrem empfindlich sind
Vermehrung: im Frühjahr durch Teilung

✿ besonders pflegeleicht   sonnig halbschattig   schattig

Kalmus
Acorus calamus

Höhe: 80–150 cm
Blütezeit: Juli – August
mehrjährige Rhizompflanze

➤ **Nährstoffzehrer**

Aussehen: dicker Wurzelstock; schmale, hellgrüne Blätter; kolbenförmiger Blütenstand aus kleinen gelbgrünen Blütchen; die Pflanze ist giftig
Standort: sonnig bis halbschattig; von der Sumpfzone bis in 20 cm Wassertiefe
Pflege: problemlos bei regelmäßigem Rückschnitt; alte Blätter im Frühjahr entfernen; benötigt viele Nährstoffe, daher sehr gute Filterpflanze für die Wasserklärung
Vermehrung: im Frühjahr durch Teilen des Rhizoms

Pfeilkraut
Sagittaria sagittifolia

Höhe: 30–60 cm
Blütezeit: Juli – September
mehrjährige Knollenpflanze

➤ **besonders pflegeleicht** ✿

Aussehen: Blätter sehr dekorativ, satt grün, pfeilförmig; Blüten groß, weiß, in quirliger Blütenrispe; auch als gefüllte Sorte erhältlich
Standort: sonnig bis halbschattig; von der Sumpfzone bis in 30 cm Wassertiefe
Pflege: braucht wenig Pflege; bildet Knollen, die manchmal an die Oberfläche treiben, Knollen ins Flachwasser pflanzen und mit Kies abdecken
Vermehrung: im Frühjahr über Tochterknollen an den Ausläufern

Rohrkolben
Typha sp.

Höhe: bis 3 m
Blütezeit: Juli – August
wintergrüne Staude

➤ **besonders pflegeleicht** ✿

Aussehen: kriechendes Rhizom; lange, schmale Blätter; Blüten klein, gelb und braun, in großen kolbenförmigen Blütenständen
Standort: sonnig bis halbschattig; von der Uferzone bis ins Tiefwasser
Pflege: alte Stängel im Frühjahr über der Wasseroberfläche schneiden; bildet sehr schnell große Bestände, daher vor dem Neuaustrieb im Frühjahr kräftig auslichten
Vermehrung: im Frühjahr durch Teilen des Rhizoms

 Pflanze zurückschneiden   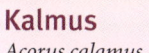 giftig oder hautreizend

Pflanzen für das tiefe Wasser

Das tiefe Wasser ist die Zone der Unterwasserpflanzen, Schwimm- und Schwimmblattpflanzen und das Terrain der prächtigen und allseits beliebten Seerosen.

Die Unterwasserpflanzen leben völlig untergetaucht und heben nur ihre Blüten zur Bestäubung über die Wasseroberfläche hinaus. Sie bilden den Reinigungstrupp des Teiches, denn sie verbrauchen viel Nährstoffe und wirken als Schmutzfänger. Schwimmpflanzen besitzen wenig Wurzeln und schwimmen auf dem Wasser. Schwimmblattpflanzen wurzeln im Bodengrund, ihre Blätter und Blüten schwimmen jedoch auf der Wasseroberfläche.

Setzen Sie Schwimmblattpflanzen und Seerosen nur sparsam ein, damit sie sich einerseits zu voller Schönheit entwickeln können, andererseits aber den Unterwasserpflanzen nicht alles Licht wegnehmen.

Froebels Seerose
Nymphaea »Froebelii«

Blattgröße: bis 30 cm
Blütezeit: Juni – September
mehrjährige Rhizompflanze

☀ ◐

➤ **besonders pflegeleicht** ✿

Aussehen: dickes Rhizom; rundliche Schwimmblätter an meterlangen Stielen; Blüte 10–12 cm, karminrot, kelchförmig, Blütenblätter schmal, zugespitzt, ragen etwas über die Wasseroberfläche hinaus; Kelchblätter rot gestreift; blüht auch bei kühler Witterung
Standort: sonnig bis halbschattig; 40–70 cm Wassertiefe
Pflege: problemlos; pro Korb bis zu 2 m² Platz geben
Vermehrung: im Frühjahr durch Teilen des Rhizoms, Schnittflächen mit Holzkohle bestreichen

Gelbe Teichrose
Nuphar lutea

Blattgröße: bis 40 cm
Blütezeit: Mai – Juli
mehrjährige Rhizompflanze

☀ ◐

➤ **winterhart**

Aussehen: armdickes Rhizom; große, lang gestielte, ovale Schwimmblätter; bildet im Winter Unterwasserblätter; Blüten gelb, kugelig, stark duftend; bis zu 5 m lange Stängel; die Pflanze ist giftig
Standort: sonnig bis halbschattig; Sandboden; verträgt sogar Moorwasser; 80–200 cm Wassertiefe
Pflege: sollte solitär stehen und regelmäßig mit Seerosendünger versorgt werden
Vermehrung: im Frühjahr durch Teilen des Rhizoms

Gemeine Seekanne
Nymphoides peltata

Blattgröße: 8–15 cm
Blütezeit: Juni – September
mehrjährige Rhizompflanze

➤ **besonders pflegeleicht** ✿

Aussehen: langes, kriechendes Rhizom; seerosenähnlicher Wuchs; runde Schwimmblätter an flutenden Stängeln; Blüten gelb, bis 7 cm, auf bis zu 10 cm langen Stielen
Standort: sonnig bis halbschattig; in 50–150 cm Wassertiefe
Pflege: zwei Pflanzen pro m^2 vorsehen; bei zu starker Verbreitung zurückschneiden; abgetrennte Zweige wachsen sofort weiter
Vermehrung: im Frühjahr durch Teilen des Rhizoms

Krebsschere
Stratiotes aloides

Höhe: bis 30 cm
Blütezeit: Mai – Juli
mehrjährige Rosettenpflanze

➤ **bildet schnell Ausläufer**

Aussehen: Blätter starr, aufrecht, dreikantig, in Rosetten stehend; Blüten weiß mit gelbem Zentrum, relativ groß
Standort: sonnig bis halbschattig; 30–100 cm Wassertiefe
Pflege: beim Einsetzen in den Teich in den Boden versenken, notfalls mit Kies beschweren; wenn die Pflanze sich zu stark ausbreitet, abschneiden
Vermehrung: durch Abtrennen und Einsetzen bewurzelter Ausläufer im Herbst oder im Frühjahr

Wasserknöterich
Polygonum amphibium

Blattgröße: bis 20 cm
Blütezeit: Juni – September
mehrjährige Rhizompflanze

➤ **besonders pflegeleicht** ✿

Aussehen: schmale, grüne Blätter an langen, verzweigten Stängeln; Blüten klein, weißrosa bis purpurfarben, in aufrechten Ähren 10–15 cm über der Wasseroberfläche; die Pflanze ist giftig
Standort: sonnig bis halbschattig; von der Flach- bis in die Tiefwasserzone
Pflege: problemlos; braucht im Sommer und Herbst aber einen regelmäßigen Rückschnitt
Vermehrung: das ganze Jahr über; die Schnittstücke wachsen problemlos an

---

✂ Pflanze zurückschneiden　　☠ giftig oder hautreizend

Uferpflanzen

Ufergehölze

Name	Licht	Boden	Blütezeit Blütenfarbe	Wuchs-höhe	Bemerkungen
Hängebirke *Betula pendula*	☀ ◑	Gartenerde	April – Mai rötlich	bis 4 m	Boden unbedingt mulchen für die Unterpflanzungen
Lavendel *Lavandula officinalis*	☀	Gartenerde	Juni – Juli blau	bis 1 m	im Winter mit Tannenreisig abdecken
✿ **Lorbeer** *Laurus nobilis*	☀ ◑	Gartenerde	März – Mai beige	bis 2 m	immergrünes Gehölz, auch im Winter feucht halten
Rosmarin *Rosmarinus officinalis*	☀	Gartenerde	Mai – Juni lila-bläulich	bis 1 m	regelmäßig zurückschneiden, im Winter abdecken
Rosmarinheide *Andromeda polifolia*	☀ ◑	torfig	Mai – Juni rosarot	bis 50 cm	liebt sauren Boden mit Torf
✿ **Sommerflieder** *Buddleja alternifolia*	☀ ◑	Gartenerde	Juni – Okt. rot	bis 5 m	halbtrockener Standort, regelmäßig zurückschneiden
Tamariske *Tamarix pentandra*	☀	Gartenerde	April – Sept. rosarot	bis 5 m	etwas frostempfindlich, regelmäßig zurückschneiden
Thymian *Thymus vulgaris*	☀	Gartenerde	Mai – Okt. weißlich, violett	bis 50 cm	regelmäßig zurückschneiden
✿ **Zierkirsche** *Prunus glandulosa*	☀	Gartenerde	April – Juni rosarot	bis 1,5 m	leicht duftend

Gräser am Ufer

Name	Licht	Boden	Blütezeit Blütenfarbe	Wuchs-höhe	Bemerkungen
Federborstengras *Pennisetum alopecuroides*	☀ ◐	neutral	Aug. – Okt. bräunlich	bis 50 cm	im Frühjahr bis auf eine Handbreit über dem Boden zurückschneiden
Pfeifengras, Blaues *Molinia caerulea*	☀ ◐	neutral	Juni dunkelblau	bis 50 cm	Horste frieren über Winter ab und treiben im Frühjahr zuerst die Blüten
✿ **Schilf** *Phragmites australis*	☀ ◐	neutral	Juni – Juli bräunlich	bis 2,5 m	kann im flachen Wasser stehen, stark nährstoffzehrend, Wasser reinigend

Name	Licht	Boden	Blütezeit Blütenfarbe	Wuchs-höhe	Bemerkungen
Silberährengras *Lasiagrostis calamagrostis*	☼	neutral	Juni – Okt. silbrig-weiß	bis 70 cm	äußerst dekorativ bis weit in den Herbst hinein
✿ **Teichbinse** *Scirpus lacustris* ssp. *tabernaemontani*	☼ ◐	kiesig	Mai – Juli rötlich	bis 70 cm	kann im Wasser stehen, Wasser klärende, wichtige Filterpflanze
Wollgras *Eriophorum latifolium*	☼ ◐	kalkhaltig	April – Mai weiß	bis 60 cm	kann im Flachwasser stehen
✿ **Zwergbambus** *Sasa palmata*	◐ ●	neutral	Okt. – Nov. rötlich	bis 30 cm	Bodendecker

Blütenstauden am Ufer

Name	Licht	Boden	Blütezeit Blütenfarbe	Wuchs-höhe	Bemerkungen
✿ **Akelei** *Aquilegia vulgaris*	☼ ◐	Gartenerde	Mai – Juni blau, rosa	bis 80 cm	mehrjährige Staude, sät sich selbst aus
Eisenhut, Blauer *Aconitum napellus*	☼ ◐	Gartenerde	Juni – Okt. blau	bis 1,5 m	giftig
Eisenhut, Gelber *Aconitum vulparia*	◐	torfig	Juni – Okt. gelb	bis 1,5 m	hübsche, zarte Pflanze für den Hintergrund
✿ **Frauenmantel** *Alchemilla xanthochlora*	☼ ◐	Lehm–Sand	Mai – Aug. gelbgrün	bis 40 cm	mit Iris und Blutweiderich kombinieren
Garten-Rittersporn *Consolida ambigua*	☼ ◐	Gartenerde	Mai – Okt. blau	bis 2 m	in vielen Zuchtfarben erhältlich
Herzlilie, Funkie *Hosta sp.*	◐	Gartenerde	Juni – Sept. weißlichrosa	bis 80 cm	anspruchslose Schattenpflanze
✿ **Immergrün** *Vinca minor*	☼ ◐	Gartenerde	März – Nov. blau	bis 10 cm	nach Rückschnitt mehr Blüten, Bodendecker
Katzenminze *Nepeta x faassenii*	☼	Gartenerde	Mai – Sept. blau	bis 20 cm	Verblühtes zurückschneiden, um Nachblüte zu erzielen
✿ **Pfennigkraut** *Lysimachia nummularia*	☼ ◐	Gartenerde	Mai – Juli gelb	bis 5 cm	Bodendecker, mit Primeln und Blutweiderich kombinieren
Schaublatt *Rodgersia podophylla*	◐	Teicherde	Juli – Aug. hellgelb, weiß	bis 1,5 m	mit Binsen und Knöterich kombinieren
Sommer-Salbei *Salvia nemorosa*	☼	Gartenerde	Mai – Sept. violett	bis 80 cm	bei Rückschnitt zweite Blüte

Sumpfpflanzen

Sumpfpflanzen

Name	Licht	Boden	Blütezeit Blütenfarbe	Wuchs- höhe	Bemerkungen
Bach-Nelkenwurz *Geum rivale*		Teicherde	Mai – Juli rostbraun bis rot	bis 70 cm	Hummelweide
❁ **Bärlauch** *Allium ursinum*		humos	Mai weiß	bis 30 cm	Würzpflanze
❁ **Baldrian** *Valeriana officinalis*		torfig	Mai – Sept. weißlich, violett	bis 1,5 m	wuchsfreudig
Beinwell *Symphytum officinale*		Gartenerde	Mai – Juli rotviolett, weiß	bis 1,2 m	regelmäßiger Rückschnitt, dann zweite Blüte
Bergschnittlauch *Allium alpinum*		humos	Mai hellviolett	bis 40 cm	Würzpflanze
❁ **Brunnenkresse** *Nasturtium officinale*		Gartenerde	Mai – Sept. weiß	bis 30 cm	Würzkraut; Vermehrung durch Ab- trennen sich bewurzelnder Stängel
❁ **Gilbweiderich** *Lysimachia vulgaris*		Gartenerde	Juni – Aug. gelb	bis 1,5 m	verträgt keine Staunässe, breitet sich schnell aus
Kerzen-Ehrenpreis *Veronica longifolia*		Gartenerde	Juni – Aug. hellblau bis lila	bis 1 m	aufrecht wachsende Staude, lässt sich leicht vermehren
Kriechender Günsel *Ajuga reptans*		kalkfrei	April – Mai blau	bis 10 cm	es gibt Sorten mit schöner Laub- färbung
❁ **Mädesüß** *Filipendula ulmaria*		Teicherde	Juni – Aug. rosarot	bis 1,5 m	aromatisch duftende Sorten im Handel, lockt Insekten an
Orchideenprimel *Primula vialii*		humos	Mai – Aug. scharlachrot	bis 50 cm	in Gruppen pflanzen
Pestwurz *Petasites hybridus*		Gartenerde	März – Juli weiß, rosa	bis 40 cm	Blätter wuchern, regelmäßig ausschneiden
Pfennigkraut *Lysimachia nummularia*		Gartenerde	Juni – Aug. gelb	bis 10 cm	wächst von 20 cm Wassertiefe bis zu halbtrockenem Boden
Prachtscharte *Liatris spicata*		Gartenerde	Mai – Juni weiß, rosa	bis 80 cm	anspruchslos
Schaumkraut, Bitteres *Cardamine amara*		neutral	Mai – Juli weiß-rosa	bis 60 cm	problemlos, breitet sich schnell aus

Name	Licht	Boden	Blütezeit Blütenfarbe	Wuchs-höhe	Bemerkungen
Scheincalla, Gelbe *Lysichiton americanus*	☀ ◑	Teicherde	April – Mai gelbgrün	bis 50 cm	ähnelt der Sumpfcalla, Blätter und Blüten aber größer
Schildblume *Chelone obliqua*	☀ ◑	Lehm	Juli – Sept. rosafarben	bis 80 cm	leicht durch Aussaat oder Teilung zu vermehren
Sumpfblutauge *Potentilla palustris*	☀ ◑	torfig	Juni – Juli dunkelpurpur	bis 40 cm	für Moorbeet auf kalkfreien Böden
Sumpfhelmkraut *Scutellaria galericulata*	☀ ◑	neutral	Juni – Sept. blauviolett	bis 60 cm	frohwüchsig
✿ **Sumpf-Kratzdistel** *Cirsium palustre*	☀ ◑	torfig	Juli – Sept. purpurrot	bis 30 cm	Schmetterlingsweide
Sumpf-Läusekraut *Pedicularis palustris*	◑	torfig	Mai – Aug. rotbraun	bis 70 cm	für Moorbeet geeignet
✿ **Sumpfschwertlilie** *Iris kaempferi*-Hybriden	☀	torfig	Juni – Juli unterschiedlich	bis 70 cm	mehrjährige Rhizompflanze, kann hautreizende Stoffe enthalten
Sumpf-Storchschnabel *Geranium palustre*	☀ ◑	kalkhaltig	Juni – Aug. rot bis violett	bis 60 cm	für nährstoffreiche, kalkhaltige Bereiche
✿ **Sumpf-Vergissmeinnicht** *Myosotis palustris*	☀ ◑	torfig	Mai – Sept. blau	bis 30 cm	breitet sich schnell aus
Sumpf-Wolfsmilch *Euphorbia palustris*	◑	Gartenerde	April – Mai grüngelb	bis 1 m	weidenartige Blätter mit roter Herbstfärbung
Trollblume *Trollius europaeus*	☀ ◑	torfig	Mai – Juni gelb	bis 60 cm	giftig, herrlicher Frühjahrsblüher, Hummelweide
Wasserdost *Eupatorium cannabinum*	☀ ◑	kalkig	Juli – Sept. rosarot	bis 1,5 m	Schmetterlingsweide
✿ **Weidenröschen** *Epilobium hirsutum*	☀ ◑	Gartenerde	Juli – Sept. rot	bis 1,5 m	anspruchslos und gut wachsend
Wiesenraute *Thalictrum aquilegifolium*	☀ ◑	Gartenerde	Mai – Juli rosa bis violett	bis 1,2 m	im Herbst bis zum Boden zurückschneiden, leicht zu vermehren
Wiesenraute, Gelbe *Thalictrum flavum*	☀ ◑	Teicherde	Juni – Aug. gelb	bis 1,5 m	duftend
Wiesenschaumkraut *Cardamine pratensis*	☀ ◑	Lehm–Sand	April – Mai zartlila	bis 30 cm	in Gruppen pflanzen
Wollgras, Scheidiges *Eriophorum vaginatum*	☀ ◑	torfig	April – Mai weiß bis braun	bis 40 cm	silbrig-weiße, wollige Fruchtstände
Zweizahn *Bidens cernua*	☀ ◑	humos	Juli – Aug. gelb	bis 1,2 m	für nährstoffreiche Sumpf- und Uferpartien

Wasserpflanzen

Flachwasserpflanzen

Name	Licht	Boden Wassertiefe	Blütezeit Blütenfarbe	Wuchs-höhe	Bemerkungen
✿ **Bachbungen-Ehrenpreis** *Veronica beccabunga*	☀◐	Gartenerde 10–30 cm	Mai – Okt. blau	bis 60 cm	breitet sich schnell durch Ausläufer aus
Froschlöffel *Alisma plantago-aquatica*	☀◐	Teicherde 0–20 cm	Juli – Sept. weiß	bis 90 cm	im Frühjahr zurückschneiden, Vermehrung durch Aussaat; giftig
Kardinalslobelie *Lobelia cardinalis*	☀	Teicherde 10–30 cm	Sept. – Nov. rot	bis 1,5 m	braucht Winterabdeckung durch Styropor
Schwanenblume *Butomus umbellatus*	☀◐	Teicherde 0–20 cm	Juni – Aug. hellrosa bis weiß	bis 1 m	mehrjährige Rhizompflanze; im Frühjahr zurückschneiden
Strauß-Gilbweiderich *Lysimachia thyrsiflora*	☀◐	Lehm–Sand 10–30 cm	Mai – Juli gelb	bis 60 cm	schnell wüchsig, anspruchslos
Tannenwedel *Hippuris vulgaris*	☀	Sand–Kies 10–30 cm	Mai – Aug. grünlich	bis 2m lange Triebe	mag kalkreiche Gewässer
✿ **Wasserminze** *Mentha aquatica*	☀◐	Lehm–Sand 10–50 cm	Juli – Okt. blauviolett	bis 80 cm	nährstoffzehrend

Unterwasserpflanzen

Name	Licht	Boden Wassertiefe	Blütezeit Blütenfarbe	Wuchs-höhe	Bemerkungen
Tausendblatt, Ähriges *Myriophyllum sp.*	☀	Lehm–Sand 0–30 cm	Juni – Sept. weißrosa	bis 1,5 m lange Stängel	Vermehrung durch Einsetzen abgeschnittener Triebe
Wasserfeder *Hottonia palustris*	☀	Lehm–Sand 0–30 cm	Mai – Juli violettrosa	bis 40 cm	verbreitet sich stark, muss regelmäßig zurückgeschnitten werden
✿ **Wasserhornkraut** *Ceratophyllum demersum*	☀◐	keinen 0–30 cm	blüht bei uns nicht	bis 2 m lange Stängel	Wasser reinigender Algenkonkurrent
✿ **Wasserpest** *Egeria canadensis*	☀	neutral 0–30 cm	äußerst selten weiß	bis 1 m lange Stängel	gut für die Wasserklärung, Algenkonkurrent
Wasserschlauch *Utricularia vulgaris*	☀	neutral 0–30 cm	Juni – Aug. gelb	bis 1 m lange Stängel	Wasser klärende, Fleisch fressende Pflanze

Schwimmpflanzen

Name	Licht	Boden Wassertiefe	Blütezeit Blütenfarbe	Wuchs- höhe	Bemerkungen
Feenmoos *Azolla caroliniana*	☼ ◑	schwimmend	blüht nicht	bis 3 cm	nicht winterhart, breitet sich schnell aus
Froschbiß *Hydrocharis morsus-ranae*	☼	schwimmend	Juni – Aug. weiß	bis 5 cm	stehende, nährstoffreiche, kalkarme Gewässer
Seekanne *Nymphoides peltata*	☼	schwimmend	Juni – Aug. gelb	bis 10 cm	liebt die Wärme, dann wuchernd
Sumpf-Teichfaden *Zannichellia palustris*	☼ ◑	schwimmend	Mai – Sept. grünlich	bis 50 cm lang	bildet dichte Rosen
Wasserlinse *Lemna minor*	☼	schwimmend	nicht erkennbar	flach	regelmäßig abfischen, Algen- konkurrenz
Wassersalat *Pistia stratiotes*	☼ ◑	schwimmend	blüht bei uns kaum	bis 10 cm	bildet schwimmende Blattrosetten

Schwimmblattpflanzen

Name	Licht	Wassertiefe	Blütezeit Blütenfarbe	Wuchs- höhe	Bemerkungen
Laichkraut *Potamogeton natans*	☼ ◑	schwimmend	Juni – Aug. grünlich	bis 2 m lange Triebe	kann sehr dichte Bestände bilden; im Herbst zurückschneiden
Schwimmfarn *Salvinia natans*	☼ ◑	schwimmend	keine Blüten- pflanze	bis 15 cm lange Stängel	nicht winterhart, Pflanzen in flachen Schalen im Kalten überwintern
Wasserähre *Aponogeton distachys*	☼	schwimmend	Juli – Sept. weiß	bis 60 cm lang	zieht ein und überwintert als Knolle
Wasserdickblatt *Crassula helmsii*	☼ ◑	schwimmend	Juli – Aug. rötlichweiß	bis 40 cm lang	nicht winterhart, Pflanzen in flachen Schalen im Kalten überwintern
Wasserhahnenfuß *Ranunculus aquatilis*	☼ ◑	schwimmend	Juni – Aug. weißgelb	mehrere m lange Triebe	wuchernder Algenkonkurrent, im Herbst zurückschneiden
Wasserhyazinthe *Eichhornia crassipes*	☼	schwimmend	Juli – Sept. hellviolett	bis 40 cm	nicht winterhart, in flachen Schalen mit lehmiger Erde überwintern
Wassernuß *Trapa natans*	☼	schwimmend	Juni – Sept. weißlich	bis 3 m lange Triebe	absterbende Blattrosette im Herbst herausziehen
Wasserstern *Callitriche palustris*	☼ ◑	schwimmend	Mai – Okt. weißlich	bis 35 cm lange Triebe	kann sich stark ausbreiten, regel- mäßig einkürzen

Arbeitskalender

Januar – April: Start in die Teichsaison

JANUAR

➤ **Planen:** Jetzt ist Zeit, den Platz für den Teich im Garten auszuwählen und festzulegen.

➤ **Gestalten:** Machen Sie sich Gedanken, wie Sie den Teichrand gestalten wollen.

➤ **Pflanzen:** Binden Sie empfindliche Stauden zusammen oder decken Sie sie ab.

➤ **Pflegen:** Prüfen Sie den Eisfreihalter, und schalten Sie bei starkem Frost den Teichheizer ein. Füllen Sie ggf. den Oxydator nach.

FEBRUAR

➤ **Planen:** Informieren Sie sich in Katalogen über die verschiedenen Teichpflanzen, über gängige Folien- und Fertigteichmaße.

➤ **Gestalten:** Wissen Sie schon, was für einen Teich Sie anlegen wollen?

➤ **Pflanzen:** Prüfen Sie den Winterschutz.

➤ **Pflegen:** Nehmen Sie Eisschollen aus dem Teich, und füllen Sie evtl. Wasser nach. Abstellen der Freileitung nicht vergessen!

Mai – August: Hochsaison im und am Teich

MAI

➤ **Anlegen:** Jetzt können Sie Teiche, Wasserspiele oder Wasserfälle anlegen und die notwendige Technik installieren.

➤ **Gestalten:** Mit Kübelpflanzen können Sie leicht besondere Effekte erzielen.

➤ **Pflanzen:** Seerosen zunächst ins flachere und wärmere Wasser setzen.

➤ **Pflegen:** Bei Temperaturen über 12 °C können Sie mit dem Fischefüttern beginnen.

JUNI

➤ **Gestalten:** Mit Lichterketten markieren Sie den Teichrand in der Dämmerung; Spots machen Hindernisse sichtbar.

➤ **Pflanzen:** Schneiden Sie abgewelkte Frühjahrsblüher zurück und füllen Sie die Lücken mit Einjährigen oder Kübelpflanzen.

➤ **Pflegen:** Sauerstoffzufuhr und Filter müssen jetzt rund um die Uhr laufen; prüfen Sie auch regelmäßig die Wasserqualität.

September – Dezember: Ausklang der Teichsaison

SEPTEMBER

➤ **Anlegen:** Jetzt haben Sie wieder Gelegenheit, einen Teich anzulegen.

➤ **Pflanzen:** Verblühtes zurückschneiden, um eine Nachblüte zu fördern; Spätblüher frei schneiden; stark wuchernde Pflanzen in allen Bereichen zurückschneiden.

➤ **Pflegen:** Wasserwerte prüfen; Laubfangnetz spannen oder einfallendes Laub abfischen.

OKTOBER

➤ **Planen:** Planen Sie den Rückschnitt der Laubgehölze, solange das Laub noch hängt.

➤ **Pflanzen:** Stauden, Frühblüher und Blumenzwiebeln nachpflanzen; abgeblühte Pflanzen zurückschneiden; bei den Seerosen fast alle Schwimmblätter entfernen.

➤ **Pflegen:** Laub abfischen; bei Wasserwerten unter 12 °C das Füttern der Fische einstellen.

MÄRZ

➤ **Planen:** Informieren Sie sich über die notwendige Technik.

➤ **Anlegen:** Vergessen Sie nicht, das PVC-Rohr zur Verlegung der Versorgungsleitungen, Überlauf und Sickerfläche mit einzuplanen.

➤ **Pflegen:** Wechseln Sie ein Drittel des Teichwassers aus; kontrollieren Sie Uferbefestigung und Teichrand auf Winterschäden, und setzen Sie den Filter wieder in Gang.

APRIL

➤ **Anlegen:** Jetzt können Sie den Teichbau in Angriff nehmen.

➤ **Gestalten:** Um die Teichrandgestaltung in ihrer Wirkung zu testen, verlegen Sie einfach eine Reihe Steine lose zur Probe.

➤ **Pflanzen:** Wählen Sie die Pflanzen zur Neu- und evtl. Nachbepflanzung aus.

➤ **Pflegen:** Im Herbst nicht geschnittene Pflanzen zurückschneiden und Pflanzen teilen.

JULI

➤ **Anlegen:** Für Großanlagen ist jetzt die beste Zeit – der Tag ist länger!

➤ **Gestalten:** Zeit für Sommerpartys am Teich.

➤ **Pflanzen:** Kürzen Sie immer wieder einmal besonders schnellwüchsige Pflanzen ein.

➤ **Pflegen:** Der Filter sollte jetzt wieder einmal gereinigt, der Oxydator geprüft und neu gefüllt werden. Sind Ihre Fische alle gesund und die Wasserwerte in Ordnung?

AUGUST

➤ **Planen:** Prüfen Sie, wo eine eventuelle Neupflanzung sinnvoll wäre.

➤ **Pflanzen:** Seerosen ins tiefere Wasser setzen, wenn die Blätter sich über den Wasserspiegel erheben. Wenn Unterwasserpflanzen sich zu stark ausbreiten, sollten Sie in den Teich steigen und von den tieferen Stellen aus zum Ufer hin drei Viertel der Pflanzen herausschneiden.

➤ **Pflegen:** Verdunstetes Wasser nachfüllen!

NOVEMBER

➤ **Planen:** Machen Sie sich Notizen für etwaige Änderungen in der nächsten Saison.

➤ **Pflanzen:** Nehmen Sie nicht winterharte Seerosen aus dem Teich ins Winterquartier. Teilen Sie zu groß gewordene Stauden.

➤ **Pflegen:** Oxydator neu füllen, Sauerstoffpumpe schwach weiterlaufen lassen. Ist der Eisfreihalter noch intakt?

DEZEMBER

➤ **Planen:** Umgestaltungen auf dem Papier planen; neue Pflanzenkataloge wälzen.

➤ **Pflanzen:** Jetzt Laubgehölze zurückschneiden und empfindliche Pflanzen mit einem Winterschutz versehen.

➤ **Pflegen:** Eisfreihalter im Teich fixieren; evtl. Teichheizer installieren, damit er bei starkem Frost gleich eingeschaltet werden kann.

Literatur

Engelhardt, Wolfgang: *Was lebt in Tümpel, Bach und Weiher?* Kosmos Verlag, Stuttgart

Hilble, Richard: *Kois.* Gräfe und Unzer Verlag, München

Jansen, Antje: *Teichpflanzen einsetzen und pflegen.* Gräfe und Unzer Verlag, München

Schimana, Walter: *Mini-Teiche auf Balkon und Terrasse.* Gräfe und Unzer Verlag, München

Stadelmann, Peter: *Der Bach im Garten.* Gräfe und Unzer Verlag, München

Stadelmann, Peter: *Fische für den Gartenteich.* Gräfe und Unzer Verlag, München

Stadelmann, Peter: *Goldfische.* Gräfe und Unzer Verlag, München

Stadelmann, Peter: *Wassergarten für Einsteiger.* Gräfe und Unzer Verlag, München

Wilke, Hartmut: *Naturteiche anlegen und pflegen.* Gräfe und Unzer Verlag, München

Bildnachweis

Dank

Verlag, Autor und Fotografen danken der Firma Grüne Erde (Bild S. 16) und der Firma Mathmos (Bild S. 17) für ihre Unterstützung sowie dem Botanischen Garten München-Nymphenburg, in dem ein Großteil der Pflanzenporträts entstanden ist.

Wichtige Hinweise

➤ Elektrische Geräte sollten nur vom Fachmann installiert werden.

➤ Sichern Sie Ihren Teich ausreichend ab – vor allem, wenn kleine Kinder im Haus sind.

➤ Einige der hier beschriebenen Pflanzen sind giftig oder hautreizend. Sie dürfen nicht verzehrt werden.

Der Autor

Peter Stadelmann ist Zoofachhändler sowie Ausbilder und Prüfer bei der Industrie- und Handelskammer Nürnberg. Sein Spezialgebiet ist seit vielen Jahren die Planung, Anlage und Bepflanzung von Gartenteichen. Er ist Autor zahlreicher Aquarien- und Gartenteichbücher bei GU.

Impressum

© 2002 Gräfe und Unzer Verlag GmbH, München Alle Rechte vorbehalten. Nachdruck, auch auszugsweise, sowie Verbreitung durch Film, Funk, Fernsehen und Internet, durch fotomechanische Wiedergabe, Tonträger und Datenverarbeitungssysteme jeder Art nur mit schriftlicher Genehmigung des Verlages.

Redaktion: Angelika Holdau
Lektorat: Sonnhild Bischoff
Umschlaggestaltung und Layout: independent Medien-Design, München
Produktion: Susanne Mühldorfer
Satz: Uhl + Massopust, Aalen
Reproduktion: Longo, Bozen
Druck und Bindung: Kaufmann, Lahr
Printed in Germany

ISBN 3-7742-3621-6

Aufl.	4	3	2	1
Jahr	05	04	03	2002

Das Original mit Garantie

Ihre Meinung ist uns wichtig. Deshalb möchten wir Ihre Kritik, gerne aber auch Ihr Lob erfahren. Um als führender Ratgeberverlag für Sie noch besser zu werden. Darum: Schreiben Sie uns! Wir freuen uns auf Ihre Post und wünschen Ihnen viel Spaß mit Ihrem GU-Ratgeber.

Unsere Garantie: Sollte ein GU-Ratgeber einmal einen Fehler enthalten, schicken Sie uns das Buch mit einem kleinen Hinweis und der Quittung innerhalb von sechs Monaten nach dem Kauf zurück. Wir tauschen Ihnen den GU-Ratgeber gegen einen anderen zum gleichen oder ähnlichen Thema um.

Ihr Gräfe und Unzer Verlag
Redaktion Garten
Postfach 86 03 25
81630 München
Fax 0 89/4 19 81-1 13
e-mail:
leserservice@
graefe-und-unzer.de

GU PFLANZENRATGEBER

Wenig tun, viel genießen.

ISBN 3-7742-3619-4
64 Seiten
7,90 € (D)

ISBN 3-7742-3633-X
64 Seiten
7,90 € (D)

ISBN 3-7742-3624-0
64 Seiten
7,90 € (D)

ISBN 3-7742-3622-4
64 Seiten
7,90 € (D)

ISBN 3-7742-3643-7
64 Seiten
7,90 € (D)

Gärtnern schnell und einfach? Gar kein Problem! Das 5-Stufen-Erfolgsprogramm zeigt Ihnen, wie's geht.

- ➤ Praxisnähe in Bestform
- ➤ Die Top 20: die beliebtesten Pflanzen im Porträt
- ➤ Arbeitskalender fürs ganze Jahr
- ➤ Sonderseiten mit tollen Deko- und Party-Ideen
- ➤ Erfolgsgarantie mit den 10 GU-Erfolgstipps

Gutgemacht. Gutgelaunt.

GUT PLANEN

Legen Sie zunächst den besten **Standort** fest. Prüfen Sie Untergrund und Gefälle, um zu entscheiden: Fertig- oder Folienteich? Markieren Sie die **Teichumrisse** des geplanten Teiches auf dem Boden, und prüfen Sie nochmals Standort und Größe, Sonneneinstrahlung und Wetterseite.

So haben Sie Freude an Ihrem Gartenteich

FERTIG- ODER FOLIENTEICH?

Für kleine Gärten, Standorte ohne felsigen oder steinigen Untergrund oder Hanglagen bietet sich ein **Fertigteich** mit eingebauten Tiefenzonen an. Für größere, individuelle Teichanlagen und bei steinigem, unebenem Gelände eignet sich ein **Folienteich** besser. Er passt sich den Unebenheiten an und ist in der Regel billiger.

WASSERFLÄCHE FREIHALTEN

Kürzen Sie frohwüchsige Wasserpflanzen regelmäßig **vom Ufer her** ein. Nur mit nachwachsenden Pflanzen halten Sie das Wasser glasklar und sauber. Steigen Sie im **Sommer** in den Teich, und reduzieren Sie überflüssiges Blattwerk auf etwa ein Drittel.

PFLANZEN PFLEGEN

Verhindern Sie, dass empfindliche Sumpfpflanzen überwuchert werden. Kappen und entfernen Sie **störende Wurzeln** der Nachbarpflanzen. Decken Sie frostempfindliche Pflanzen in ausgesetzten Lagen mit **Noppenfolie** ab und beschweren Sie diese mit Kiese